El Proceso de Emprender

ICB Editores (Interconsulting Bureau S.L.)
C/ Flauta Mágica, 1, local 1B
P.I. Alameda 29006 – Málaga. España
Tfno: (+34) 952 28 87 67
info@icbeditores.com
www.icbeditores.com

El Proceso de Emprender

Coordinadora de la obra: María Dolores Pérez Rodríguez
Licenciada en Pedagogía por la Universidad de Málaga

1ª edición, 06/2025

ISBN: 978-84-19720-59-7

Impreso en España - *Printed in Spain*

Código: MAIC005222

C.20181023110654 - M.20250605181525

ÍNDICE

ICB
EDITORES

MÓDULO

1.El Proceso de Emprender

Contenido del Módulo

UNIDAD

1.1. El Emprendedor, la Idea y el Proceso de Emprender

Contenido de la Unidad

- El emprendedor
- Cómo descubrir oportunidades de negocio y generar ideas para el autoempleo o la creación de empresas
- Validación inicial de la idea de negocio o la vía de emprender.
- El proceso de emprender.
- Resumen

ICB
EDITORES

1. El emprendedor

1.1. Perfil del emprendedor

El perfil del emprendedor es variado, pero existen características y habilidades clave que suelen ser comunes en quienes logran iniciar y sostener un proyecto de negocio exitoso.

Ser un emprendedor implica poseer una combinación de atributos personales, habilidades sociales y técnicas, así como una perspectiva única hacia los desafíos y oportunidades del mercado.

- Resiliencia

  La resiliencia es una de las cualidades más valoradas en el emprendedor. Emprender es un camino lleno de obstáculos, fracasos temporales y momentos difíciles, y la capacidad de levantarse después de un revés es fundamental para el éxito a largo plazo.

  Un emprendedor resiliente es aquel que, pese a los desafíos, mantiene el enfoque en sus objetivos y encuentra la motivación para continuar.

  Steve Jobs, fundador de Apple, es un claro ejemplo de resiliencia. A pesar de haber sido despedido de la empresa que él mismo fundó, logró regresar a Apple y transformarla en una de las empresas más exitosas del mundo.

- Creatividad

  La creatividad es esencial para identificar soluciones novedosas y transformar una simple idea en un negocio que aporte valor. La creatividad permite al emprendedor diferenciarse de la competencia, innovar en productos o servicios y responder de manera dinámica a las necesidades del mercado.

  Un ejemplo de emprendedor creativo es Elon Musk, quien ha fundado empresas como Tesla y SpaceX, desafiando lo establecido en la industria automotriz y aeroespacial.

- Visión

Tener visión significa que el emprendedor puede proyectarse hacia el futuro y establecer un rumbo claro para su negocio. La visión ayuda a anticipar tendencias, prever cambios en el mercado y actuar estratégicamente. Un emprendedor con visión puede planificar más allá del corto plazo y plantearse objetivos ambiciosos, inspirando a otros a seguir su proyecto.

Jeff Bezos, fundador de Amazon, ha demostrado una gran visión al transformar una tienda de libros en línea en una plataforma global de comercio electrónico y tecnología.

- Capacidad de asumir riesgos

El emprendimiento conlleva riesgos financieros, profesionales y personales, y la capacidad de asumirlos es fundamental para los emprendedores. Esto no significa que el emprendedor actúe de forma impulsiva; más bien, toma decisiones calculadas, evaluando los riesgos y las recompensas. La habilidad para asumir riesgos con una estrategia clara es clave para innovar y crecer en un entorno competitivo.

Un ejemplo notable es Richard Branson, quien asumió riesgos considerables al lanzar Virgin Atlantic en un sector dominado por grandes aerolíneas.

- Adaptabilidad

El mercado es dinámico y está en constante cambio. La adaptabilidad permite al emprendedor ajustarse rápidamente a nuevas circunstancias, adaptar su modelo de negocio y responder a las demandas del mercado.

La pandemia de COVID-19, por ejemplo, demostró cómo muchos emprendedores tuvieron que adaptarse en tiempo récord, pasando de negocios físicos a modelos en línea. La capacidad de adaptación es una ventaja competitiva que permite no solo sobrevivir en tiempos difíciles, sino también innovar y crecer.

Perfil del emprendedor

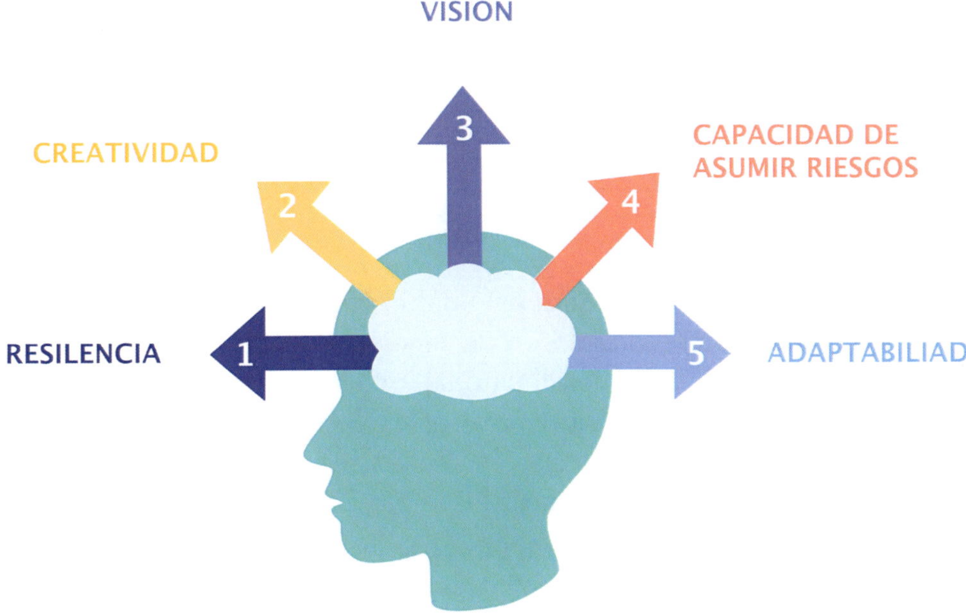

Ejemplos de emprendedores y el impacto de sus características personales

♦ Steve Jobs (Apple) – Resiliencia y Visión

Steve Jobs es uno de los emprendedores más emblemáticos del siglo XX. Cofundador de Apple, Jobs no solo fue un visionario en términos de tecnología, sino que también demostró una gran resiliencia. A mediados de los años 80, fue despedido de Apple debido a diferencias con el equipo directivo. Sin embargo, lejos de rendirse, fundó NeXT y Pixar, compañías que posteriormente revolucionarían la tecnología y la animación. Cuando regresó a Apple en 1997, Jobs rescató a la empresa de la bancarrota y la llevó a convertirse en una de las compañías más valiosas del mundo.

Impacto de sus características personales:

⇨ **Resiliencia:** Le permitió superar uno de los mayores desafíos de su carrera y regresar a Apple con una visión renovada, transformando el mercado de la tecnología.

⇨ **Visión:** Su capacidad para imaginar un futuro innovador impulsó la creación de productos como el iPhone, el iPad y el Mac, que cambiaron la forma en que usamos la tecnología.

♦ Sara Blakely (Spanx) – Creatividad y Adaptabilidad

Sara Blakely es la fundadora de Spanx, una empresa de prendas de compresión que se convirtió en un fenómeno global. Blakely no tenía experiencia en el sector textil, pero su creatividad la llevó a desarrollar un producto único que solucionaba un problema que muchas mujeres enfrentaban: prendas cómodas y favorecedoras. Empezó su negocio con solo 5,000 dólares y manejó múltiples tareas desde su casa, adaptándose a cada desafío.

Impacto de sus características personales:

⇨ **Creatividad:** Le permitió idear un producto innovador y crear una nueva categoría de prendas.

⇨ **Adaptabilidad:** Al enfrentar la falta de recursos iniciales y el desconocimiento del sector, se adaptó aprendiendo sobre marketing, diseño y ventas, convirtiendo su idea en una marca reconocida.

♦ Elon Musk (Tesla, SpaceX, Neuralink) – Capacidad de Asumir Riesgos y Visión

Elon Musk es conocido por fundar y liderar empresas en industrias de alto riesgo y complejidad. Su capacidad de asumir riesgos es evidente: invirtió toda su fortuna para financiar SpaceX y Tesla, dos empresas con grandes desafíos.

Musk también es un visionario que busca impactar la humanidad con tecnologías avanzadas en energías renovables y exploración espacial.

Impacto de sus características personales:

⇨ **Capacidad de Asumir Riesgos:** Al invertir personalmente en proyectos ambiciosos, Musk pudo llevar adelante empresas que muchos consideraban inviables.

⇨ **Visión:** Su enfoque en transformar la industria automotriz y espacial ha llevado a Tesla y SpaceX a ser pioneras en sus respectivos campos, revolucionando estas industrias.

- Oprah Winfrey (Harpo Productions) – Resiliencia y Adaptabilidad

Oprah Winfrey, una de las personalidades más influyentes del mundo, enfrentó una infancia y adolescencia marcadas por la pobreza y dificultades personales. A pesar de estos obstáculos, Oprah se convirtió en un ícono de los medios gracias a su capacidad de resiliencia y adaptabilidad, ajustando su carrera y su marca personal a los cambios en el mercado de medios y entretenimiento. Como fundadora de Harpo Productions, ha construido un imperio mediático que abarca televisión, cine, y publicaciones.

Impacto de sus características personales:

⇨ **Resiliencia:** La ayudó a superar desafíos personales y profesionales, convirtiéndose en un modelo de superación y éxito.

⇨ **Adaptabilidad:** Le permitió evolucionar su carrera y marca a lo largo de los años, manteniendo su relevancia en una industria competitiva y cambiante.

♦ Jack Ma (Alibaba) – Persistencia y Capacidad de Asumir Riesgos

Jack Ma, fundador de Alibaba, es uno de los emprendedores más influyentes de Asia. Ma no era un genio de la tecnología ni tenía capital cuando fundó Alibaba, pero su persistencia y su capacidad de asumir riesgos lo llevaron a construir una de las mayores plataformas de comercio electrónico del mundo. A pesar de múltiples rechazos laborales y fracasos iniciales, perseveró en su visión y asumió riesgos significativos al desafiar a gigantes del comercio como Amazon y eBay.

Impacto de sus características personales:

⇨ **Persistencia:** A pesar de numerosos rechazos y obstáculos, Jack Ma nunca abandonó su sueño de construir un imperio de comercio electrónico.

⇨ **Capacidad de Asumir Riesgos:** Apostó todo en un modelo de negocio innovador, lo que permitió a Alibaba convertirse en un líder en el mercado digital.

♦ Amancio Ortega (Inditex/Zara) – Visión y Adaptabilidad

Amancio Ortega, fundador de Inditex y Zara, revolucionó la industria de la moda con el modelo de "moda rápida". Sin educación formal en negocios, Ortega logró construir una empresa basada en la adaptación rápida a las tendencias y en una estructura de producción ágil. Su enfoque en escuchar al consumidor y ajustar sus estrategias le permitió expandir Zara globalmente.

Impacto de sus características personales:

- ⇨ **Visión:** Logró anticiparse a las necesidades del mercado, creando un modelo de negocio único.
- ⇨ **Adaptabilidad:** Su capacidad de responder rápidamente a las tendencias lo posicionó como un pionero en el sector de la moda rápida.

Estos ejemplos muestran cómo las características personales de los emprendedores pueden ser determinantes en el éxito de sus empresas. Al poseer resiliencia, visión, adaptabilidad y capacidad de asumir riesgos, estos emprendedores no solo lograron superar obstáculos, sino que también transformaron sus industrias y dejaron un impacto duradero.

1.2. Tipos de emprendedores

El emprendimiento es un camino que puede recorrerse con diversas motivaciones y enfoques. Según el contexto, las necesidades y las aspiraciones de cada persona, existen distintos tipos de emprendedores, cada uno con características específicas que influyen en la manera en que abordan sus proyectos y en el impacto que generan. A continuación, exploramos los tipos de emprendedores más comunes y cómo su motivación y enfoque los diferencian:

1. Emprendedor Innovador

   El emprendedor innovador se centra en desarrollar productos o servicios completamente nuevos, o en mejorar significativamente los existentes mediante la innovación. Suele estar impulsado por el deseo de crear soluciones originales que resuelvan problemas actuales o anticipen necesidades futuras. Este tipo de emprendedor invierte mucho en investigación y desarrollo, y su éxito se mide, en parte, por su capacidad para introducir cambios disruptivos en el mercado.

   - ⇨ **Enfoque y motivación:** Los emprendedores innovadores suelen estar altamente motivados por el deseo de transformar su industria o sector. Su enfoque se orienta hacia la creatividad y la experimentación, buscando soluciones nuevas y prácticas.

- ⇨ **Impacto generado:** Estos emprendedores pueden cambiar la manera en que vivimos y trabajamos, a menudo generando un impacto significativo en la tecnología, la salud, la sostenibilidad o la industria. Ejemplos de emprendedores innovadores incluyen a Elon Musk, cuyo enfoque en la energía limpia y la exploración espacial ha revolucionado las industrias automotriz y aeroespacial.

2. Emprendedor Social

El emprendedor social está motivado principalmente por el deseo de generar un impacto positivo en la sociedad. Este tipo de emprendedor identifica problemas sociales, ambientales o comunitarios, y desarrolla soluciones que abordan estas necesidades mientras generan ingresos sostenibles. A diferencia de los emprendedores tradicionales, el éxito del emprendedor social se mide no solo en términos financieros, sino también por el impacto positivo que su proyecto logra en la sociedad.

- ⇨ **Enfoque y motivación:** Su enfoque es equilibrar el impacto social con la sostenibilidad económica. Estos emprendedores buscan un cambio social y a menudo colaboran con ONGs, gobiernos y comunidades para maximizar su alcance.

- ⇨ **Impacto generado:** Los emprendedores sociales crean soluciones a problemas sociales y ambientales, mejorando la calidad de vida en sus comunidades. Un ejemplo es Muhammad Yunus, fundador del Grameen Bank, quien impulsó el concepto de microcréditos, ayudando a millones de personas de bajos ingresos a emprender y salir de la pobreza.

3. Emprendedor por Necesidad

El emprendedor por necesidad inicia un negocio debido a circunstancias difíciles, como la falta de oportunidades laborales o situaciones económicas desafiantes. Para estas personas, el emprendimiento se convierte en una vía para generar ingresos y asegurar su bienestar y el de sus familias. Aunque no siempre se enfocan en innovar o en crear un impacto social, estos emprendedores encuentran en el autoempleo una solución a sus problemas inmediatos.

⇨ **Enfoque y motivación:** Su motivación principal es la supervivencia económica. Tienden a enfocarse en negocios tradicionales o en satisfacer necesidades inmediatas del mercado local, con bajo costo de entrada y rápida implementación.

⇨ **Impacto generado:** Los emprendedores por necesidad contribuyen a la economía local al crear empleo y satisfacer demandas del mercado inmediato. Aunque estos emprendimientos suelen ser de menor escala, tienen un papel fundamental en el desarrollo económico de comunidades vulnerables. Un ejemplo común es el de personas que inician pequeños negocios, como tiendas, servicios de reparación o venta de alimentos, en respuesta a la falta de oportunidades laborales.

4. Emprendedor por Oportunidad

Este tipo de emprendedor detecta una oportunidad en el mercado y la aprovecha para crear un negocio. Los emprendedores por oportunidad suelen estar motivados por el deseo de obtener beneficios y expandirse, en lugar de una necesidad económica urgente. Son personas observadoras y analíticas, capaces de identificar tendencias o nichos de mercado poco atendidos, lo que les permite generar valor y captar la atención de los consumidores.

⇨ **Enfoque y motivación:** Estos emprendedores están motivados por el deseo de aprovechar una ventaja competitiva y maximizar las ganancias. Su enfoque es captar oportunidades de crecimiento en sectores específicos, utilizando sus conocimientos y habilidades para desarrollar el negocio.

⇨ **Impacto generado:** Al cubrir nichos específicos o satisfacer necesidades no cubiertas, los emprendedores por oportunidad enriquecen el mercado y, a menudo, aportan valor agregado a los consumidores. Por ejemplo, Jeff Bezos, fundador de Amazon, detectó el potencial del comercio en línea y transformó una pequeña tienda de libros en una plataforma global.

5. Emprendedor en Serie

Los emprendedores en serie son aquellos que, después de lanzar un negocio exitoso, siguen emprendiendo en nuevos proyectos. Este tipo de emprendedor tiene una fuerte inclinación hacia la creación constante de empresas y suele vender sus negocios o delegar su gestión una vez que están en marcha para comenzar otros. Les atrae la emoción de construir algo desde cero y, a menudo, utilizan la experiencia adquirida en proyectos anteriores para lograr un mejor rendimiento en los siguientes.

- ⇨ **Enfoque y motivación:** Su motivación radica en el deseo constante de crear y construir. Tienen una visión a largo plazo y buscan diversificar su portafolio de negocios, expandiendo su influencia y generando múltiples fuentes de ingresos.
- ⇨ **Impacto generado:** Los emprendedores en serie dinamizan el mercado al introducir constantemente nuevos productos, servicios e ideas. Un ejemplo es Richard Branson, fundador de Virgin, quien ha iniciado más de 400 empresas en sectores tan variados como la música, la aviación y los viajes espaciales.

6. Emprendedor Ecológico o Verde

El emprendedor ecológico o verde tiene como objetivo crear un negocio que reduzca el impacto ambiental o promueva la sostenibilidad. Su motivación está en el deseo de contribuir al cuidado del medio ambiente y en generar conciencia sobre el consumo responsable.

Estos emprendedores diseñan productos o servicios ecológicos y, en muchos casos, buscan crear una cadena de suministro que reduzca el uso de recursos y la generación de residuos.

- ⇨ **Enfoque y motivación:** Estos emprendedores están motivados por el deseo de proteger el medio ambiente y promover la sostenibilidad. Su enfoque se centra en soluciones que minimicen el impacto ambiental, usando recursos renovables y técnicas de producción sostenible.
- ⇨ **Impacto generado:** Los emprendedores ecológicos contribuyen a la sostenibilidad del planeta y fomentan prácticas de consumo responsable. Un ejemplo es Yvon Chouinard, fundador de Patagonia, cuya empresa no solo promueve productos sostenibles, sino que también educa a los consumidores sobre la importancia de la conservación ambiental.

Tipos de emprendedores

	Tipo	ENFOQUE Y MOTIVACION	CONTRIBUCIÓN
1	Innovador	Suelen estar altamente motivados por el deseo de transformar su industria o sector	Pueden cambiar la manera en que vivimos y trabajamos, a menudo generando un impacto significativo en la tecnología, la salud, la sostenibilidad o la industria
2	Social	Su enfoque es equilibrar el impacto social con la sostenibilidad económica	Crean soluciones a problemas sociales y ambientales, mejorando la calidad de vida en sus comunidades
3	Por Necesidad	Su motivación principal es la supervivencia económica.	Contribuyen a la economía local al crear empleo y satisfacer demandas del mercado inmediato.
4	Por oportunidad	Motivados por el deseo de aprovechar una ventaja competitiva y maximizar las ganancias	Enriquecen el mercado y, a menudo, aportan valor agregado a los consumidores.
5	En Serie	Su motivación radica en el deseo constante de crear y construir.	Dinamizan el mercado al introducir constantemente nuevos productos, servicios e ideas.
6	Ecológico o Verde	Motivados por el deseo de proteger el medio ambiente y promover la sostenibilidad	Contribuyen a la sostenibilidad del planeta y fomentan prácticas de consumo responsable

Estos tipos de emprendedores muestran cómo las motivaciones y enfoques pueden influir en los objetivos y resultados de un negocio. Ya sea que busquen innovar, resolver problemas sociales o simplemente responder a una necesidad económica, todos aportan valor al mercado de diferentes maneras y contribuyen a la diversidad del ecosistema emprendedor.

1.3. Motivaciones y barreras

Comprender las motivaciones que impulsan a las personas a emprender y las barreras que deben superar es esencial para cualquier aspirante a emprendedor. Las motivaciones son diversas y pueden influir en la forma en que se plantea un proyecto, mientras que las barreras representan obstáculos que deben identificarse y gestionarse para maximizar las posibilidades de éxito.

- Motivaciones para emprender

Las razones que llevan a una persona a emprender pueden variar según el contexto, las metas personales y las oportunidades percibidas. A continuación, se describen algunas de las motivaciones más comunes que llevan a emprender:

1. Autonomía e independencia

   Muchas personas deciden emprender porque desean ser sus propios jefes, tomar sus propias decisiones y tener el control total sobre su trabajo. La independencia es una motivación fuerte para quienes desean evitar la estructura jerárquica tradicional y prefieren una mayor libertad y flexibilidad en su vida profesional.

2. Pasión y realización personal

   La pasión por una idea o sector específico es una motivación poderosa. Emprender puede ser una vía para hacer realidad una visión personal, trabajar en algo significativo y experimentar la satisfacción de ver crecer un proyecto propio. Esta realización personal suele ser un impulso especialmente importante en emprendedores sociales o creativos.

3. Oportunidad de mercado

   Identificar una oportunidad en el mercado es una motivación común para emprender. Esto ocurre cuando alguien detecta una necesidad no cubierta, una tendencia en crecimiento o un nicho de mercado que representa un potencial de negocio. Este tipo de emprendedor busca capitalizar en una oportunidad antes que otros.

4. Desarrollo profesional y adquisición de nuevas habilidades

   El deseo de aprender y desarrollarse profesionalmente también es una razón para emprender. Muchos emprendedores ven el proceso de construir un negocio como una oportunidad para adquirir nuevas habilidades, explorar su potencial y expandir sus conocimientos en diferentes áreas.

5. Motivación económica

   Para algunos, el emprendimiento es una oportunidad para obtener ingresos más altos que los que podría ofrecer un empleo tradicional. Esta motivación económica es particularmente relevante en sectores de alto crecimiento, donde los emprendedores perciben la posibilidad de generar retornos significativos en un plazo relativamente corto.

6. Impacto social o ambiental

   Cada vez más emprendedores buscan crear un impacto positivo en la sociedad o en el medio ambiente. Estas personas se sienten motivadas por el deseo de contribuir al bienestar de la comunidad, reducir el impacto ambiental o promover la justicia social. Esta motivación suele caracterizar a los emprendedores sociales y ecológicos.

- Barreras para emprender

  Aunque el deseo de emprender puede ser fuerte, existen barreras significativas que dificultan el camino hacia el éxito. A continuación, se analizan las barreras más comunes que enfrentan los emprendedores:

1. Miedo al fracaso

   El miedo al fracaso es una de las barreras psicológicas más comunes. Emprender implica asumir riesgos y enfrentarse a la posibilidad de que el negocio no funcione como se espera. Este temor puede paralizar a algunas personas o hacer que abandonen su idea antes de intentarlo. Sin embargo, muchas veces los emprendedores exitosos logran superar esta barrera al aceptar que el fracaso es parte del aprendizaje y del crecimiento.

2. Limitaciones financieras

   La falta de capital es una barrera significativa para muchos emprendedores, especialmente para aquellos que no tienen acceso a fuentes de financiamiento externo. Los costos iniciales de un negocio (infraestructura, marketing, producción, etc.) pueden ser elevados, y la ausencia de recursos puede retrasar el lanzamiento o limitar el crecimiento. Para superar esta barrera, los emprendedores deben explorar alternativas de financiación, como préstamos, inversores ángeles, crowdfunding y programas de apoyo a emprendedores.

3. Falta de conocimiento y experiencia

   Muchos emprendedores carecen de conocimientos técnicos, financieros o de gestión necesarios para iniciar y administrar un negocio. La falta de experiencia puede hacer que subestimen los desafíos del emprendimiento o que cometan errores en la toma de decisiones. La capacitación, el aprendizaje continuo y la búsqueda de mentores pueden ayudar a los emprendedores a superar esta barrera.

4. Incertidumbre del mercado

   La incertidumbre sobre el éxito del producto o servicio en el mercado es una preocupación importante para los emprendedores. La falta de información o de validación del mercado puede hacer que los emprendedores se sientan inseguros sobre la viabilidad de su idea. Realizar estudios de mercado y validaciones tempranas, como pruebas de concepto o prototipos, puede ayudar a mitigar esta barrera y a tomar decisiones informadas.

5. Falta de apoyo y redes de contactos

   La soledad y la falta de apoyo son barreras que afectan a muchos emprendedores, especialmente en las primeras etapas. Tener acceso a una red de contactos, mentores y otros emprendedores puede brindar el apoyo necesario para superar dificultades y desarrollar nuevas oportunidades. Las redes de emprendimiento y las incubadoras de empresas pueden ayudar a establecer conexiones valiosas.

6. Desafíos regulatorios y burocráticos

   Los trámites burocráticos, los impuestos y las regulaciones legales pueden dificultar el proceso de emprender. En algunos casos, los emprendedores se ven desmotivados por la complejidad de cumplir con las leyes y normas locales, especialmente en sectores regulados. Investigar previamente los requisitos y contar con apoyo de asesores legales y contables puede facilitar la superación de esta barrera.

7. Equilibrio entre trabajo y vida personal

   Emprender puede ser un proceso exigente que consume tiempo y energía. Los emprendedores suelen enfrentar dificultades para equilibrar el trabajo con la vida personal, lo que puede generar estrés, agotamiento y problemas de salud. La planificación adecuada del tiempo y el autocuidado son fundamentales para mantener el bienestar mientras se trabaja en el negocio.

Estas motivaciones y barreras son una parte fundamental del viaje emprendedor. Al entenderlas, los aspirantes a emprendedores pueden prepararse mejor para enfrentar los desafíos y reforzar las razones que los impulsan a alcanzar sus metas.

1.4. Competencias para el éxito

Para aumentar sus probabilidades de éxito, un emprendedor necesita desarrollar un conjunto de habilidades técnicas y blandas que lo capaciten para enfrentar los desafíos y aprovechar las oportunidades en el mundo empresarial. Estas competencias no solo le ayudan a llevar a cabo tareas específicas, sino también a adaptarse, gestionar equipos, y tomar decisiones estratégicas de manera eficaz. A continuación, exploramos las competencias clave que contribuyen al éxito emprendedor.

- Habilidades Técnicas

  Las habilidades técnicas se refieren a los conocimientos y destrezas prácticas que son necesarios para operar en un sector determinado o realizar actividades específicas en un negocio. Algunas de las más relevantes para los emprendedores incluyen:

1. Gestión financiera La capacidad de entender y gestionar las finanzas de la empresa es fundamental. Esto incluye la elaboración de presupuestos, la proyección de ingresos y gastos, la gestión del flujo de efectivo, y la interpretación de estados financieros. Un emprendedor que maneja bien sus finanzas puede tomar decisiones informadas, evitar problemas de liquidez y asegurar el crecimiento sostenible de su negocio.
2. Marketing y ventas Comprender los principios del marketing y de las ventas permite al emprendedor posicionar sus productos o servicios en el mercado, llegar a sus clientes objetivo y fomentar la lealtad de marca. Estas habilidades incluyen el conocimiento de estrategias de marketing digital, redes sociales, negociación y técnicas de ventas.
3. Planificación estratégica La planificación estratégica es la habilidad para definir metas y trazar un camino para alcanzarlas. Los emprendedores exitosos son capaces de pensar a largo plazo, establecer objetivos medibles y definir estrategias para lograr un crecimiento sólido y coherente.
4. Gestión de operaciones Tener un conocimiento básico de la gestión de operaciones ayuda a los emprendedores a optimizar los recursos y a mejorar la eficiencia en la producción de bienes o servicios. Esto incluye entender la cadena de suministro, la logística, la calidad y la administración de inventarios.

5. Conocimiento del sector Los emprendedores deben estar familiarizados con la industria en la que operan, incluyendo sus tendencias, normas y competidores. Este conocimiento sectorial les permite anticipar cambios, identificar oportunidades y adaptarse a las necesidades específicas de su mercado.

- Habilidades Blandas

Las habilidades blandas, también conocidas como "habilidades interpersonales" o "soft skills," son esenciales para construir relaciones, adaptarse al cambio y liderar equipos. En el ámbito del emprendimiento, estas habilidades pueden ser tan importantes como las técnicas:

1. Comunicación efectiva La capacidad de comunicar ideas de manera clara y persuasiva es esencial para cualquier emprendedor. Esto implica saber expresar la visión del negocio, persuadir a inversores, vender a clientes y liderar equipos. Una comunicación efectiva ayuda a evitar malentendidos, motiva a los colaboradores y fortalece las relaciones con los clientes.
2. Liderazgo y gestión de equipos Los emprendedores a menudo deben liderar y coordinar equipos de trabajo. El liderazgo implica la capacidad de inspirar, motivar y guiar a otros hacia la consecución de los objetivos comunes del negocio. Un buen líder sabe delegar tareas, reconoce el valor de cada miembro del equipo y crea un ambiente de trabajo positivo y productivo.
3. Resolución de problemas La habilidad para resolver problemas de manera rápida y eficaz es vital en el emprendimiento, donde los desafíos inesperados son comunes. Esta competencia incluye analizar las causas de un problema, identificar alternativas y elegir la mejor solución posible. Los emprendedores que dominan esta habilidad son capaces de enfrentar la incertidumbre con confianza y proactividad.
4. Adaptabilidad y resiliencia El entorno empresarial es cambiante, y los emprendedores exitosos son aquellos que pueden adaptarse rápidamente a nuevas circunstancias y desafíos. La resiliencia, o la capacidad de recuperarse de los fracasos y dificultades, es crucial para mantener la motivación y seguir adelante a pesar de los contratiempos.

5. Gestión del tiempo La habilidad para gestionar el tiempo eficazmente permite a los emprendedores priorizar tareas, evitar el agotamiento y ser productivos. Esto implica establecer prioridades claras, cumplir con los plazos y mantener un equilibrio entre la vida profesional y personal. La gestión del tiempo es particularmente importante en las etapas iniciales de un negocio, donde hay múltiples demandas y recursos limitados.

Estas competencias técnicas y blandas son fundamentales para que los emprendedores puedan desempeñarse de manera eficaz y enfrentarse a los desafíos de emprender. A través de la práctica y la autoreflectividad, los alumnos pueden ir desarrollando las habilidades necesarias para ser líderes, comunicadores, y gestores de éxito en sus proyectos empresariales.

2. Cómo descubrir oportunidades de negocio y generar ideas para el autoempleo o la creación de empresas

2.1. Análisis del entorno y detección de necesidades:

La identificación de oportunidades de negocio comienza con un análisis cuidadoso del entorno y la detección de necesidades no satisfechas o problemas que pueden convertirse en puntos de partida para una nueva idea de negocio. El análisis del entorno permite entender el contexto en el que se va a emprender, identificar tendencias emergentes, y descubrir nichos de mercado que aún no han sido explotados.

- Cómo identificar problemas y oportunidades en el mercado

  Para descubrir oportunidades de negocio, es fundamental observar y analizar diferentes aspectos del entorno, lo cual incluye factores económicos, sociales, tecnológicos y culturales. A continuación, se describen algunos métodos y enfoques que pueden facilitar esta identificación:

1. Investigación de mercado

   La investigación de mercado permite obtener información sobre las necesidades, preferencias y comportamientos de los consumidores.

Se pueden utilizar encuestas, entrevistas y grupos focales para descubrir problemas o carencias en los productos o servicios actuales. Por ejemplo, si en una ciudad no hay opciones de comida saludable a domicilio, podría detectarse una oportunidad para iniciar un servicio de entrega de comida sana.

2. Análisis de tendencias

   Observar las tendencias del mercado permite anticiparse a futuras demandas. Las tendencias pueden surgir en áreas como la tecnología (por ejemplo, el auge de la inteligencia artificial), los estilos de vida (creciente interés en el bienestar y la salud), o la sostenibilidad (aumento de la demanda de productos ecológicos). Estas tendencias revelan necesidades emergentes que pueden ser aprovechadas por los emprendedores.

3. Observación y empatía

   Observar a las personas en su vida diaria y entender sus desafíos puede revelar problemas y necesidades no satisfechas. Esta técnica implica ponerse en el lugar de los consumidores y detectar aquellos aspectos que podrían mejorarse. Un ejemplo es el surgimiento de aplicaciones de movilidad urbana, que nacieron como respuesta a los problemas de tráfico y transporte en las grandes ciudades.

4. Benchmarking

   El benchmarking consiste en analizar empresas similares o líderes en el sector para identificar sus fortalezas y debilidades, e inspirarse en prácticas exitosas. Esto no significa copiar, sino adaptarse y encontrar áreas de mejora. El benchmarking puede ayudar a detectar necesidades específicas de los consumidores que otras empresas no están cubriendo adecuadamente.

5. Uso de redes sociales y foros

   Las redes sociales y foros en línea son excelentes herramientas para conocer de primera mano lo que los consumidores piensan y necesitan. Los comentarios, preguntas y quejas en estos espacios pueden indicar oportunidades de negocio.

Por ejemplo, si en un foro de tecnología muchas personas se quejan de la duración de la batería de sus dispositivos, puede surgir una oportunidad para desarrollar productos que prolonguen la vida útil de las baterías.

6. Evaluación de cambios demográficos y culturales

   Los cambios en la estructura de la población y en las actitudes sociales crean nuevas oportunidades de negocio. Por ejemplo, el envejecimiento de la población en muchos países ha impulsado la demanda de servicios de cuidado y productos específicos para personas mayores. Igualmente, el aumento de la conciencia sobre el bienestar animal y el veganismo ha impulsado el crecimiento de productos veganos y libres de crueldad.

- Ejemplos de empresas que surgieron para solucionar necesidades específicas

  Aquí se presentan algunos casos de empresas que surgieron como respuesta a problemas específicos en el mercado, convirtiéndose en soluciones innovadoras y exitosas:

1. Uber

   - **Necesidad:** En las grandes ciudades, el transporte puede ser problemático debido al tráfico, la falta de taxis disponibles y la incertidumbre sobre el tiempo de espera y el costo.

   - **Oportunidad identificada:** Uber detectó una necesidad en el mercado de transporte y creó una plataforma de movilidad que permite a los usuarios solicitar transporte privado de manera rápida, cómoda y confiable. Al resolver un problema común para muchas personas, Uber se convirtió en un referente en transporte urbano y popularizó el modelo de negocio de economía compartida.

2. Airbnb

   - **Necesidad:** La falta de alojamiento asequible y flexible para los viajeros en muchas ciudades, especialmente en temporadas altas.

   - **Oportunidad identificada:** Airbnb surgió como una alternativa al alojamiento tradicional al permitir que las personas alquilaran sus casas o habitaciones a viajeros.

- ⇨ Esta empresa transformó el sector de la hospitalidad al ofrecer una solución más accesible y variada, aprovechando las propiedades no utilizadas y satisfaciendo la demanda de experiencias de alojamiento únicas.

3. Patagonia

   - ⇨ **Necesidad:** A medida que creció la conciencia ambiental, muchas personas buscaban opciones de ropa de calidad que también fueran sostenibles y responsables con el medio ambiente.

   - ⇨ **Oportunidad identificada:** Patagonia fue una de las primeras marcas de ropa en adoptar un enfoque ecológico, utilizando materiales reciclados y promoviendo la reutilización de sus productos. Esta estrategia no solo atrajo a consumidores preocupados por el medio ambiente, sino que también ayudó a posicionar a Patagonia como una marca líder en moda sostenible.

4. Glovo

   - ⇨ **Necesidad:** En grandes ciudades, las personas desean tener acceso a productos y servicios con rapidez, sin necesidad de desplazarse.

   - ⇨ **Oportunidad identificada:** Glovo aprovechó esta necesidad al ofrecer un servicio de mensajería y entrega de productos de una amplia variedad de sectores (comida, medicamentos, compras de supermercado). Este servicio resultó especialmente conveniente para las personas que buscan ahorrar tiempo, y la empresa rápidamente expandió su alcance a múltiples países.

5. Slack

   - ⇨ **Necesidad:** Las empresas necesitaban una solución de comunicación interna más eficaz y menos invasiva que el correo electrónico.

   - ⇨ **Oportunidad identificada:** Slack desarrolló una plataforma de mensajería corporativa que facilita la colaboración y la comunicación en tiempo real dentro de las empresas.

⇨ Esta herramienta solucionó un problema común en el trabajo en equipo y se adaptó a las necesidades de empresas que buscan agilidad en su comunicación, convirtiéndose en un recurso clave para el trabajo remoto.

2.2. Técnicas para la generación de ideas

Para desarrollar ideas de negocio efectivas y sostenibles, existen diversas técnicas que ayudan a los emprendedores a estructurar su creatividad y analizar el potencial de las ideas iniciales. Estas técnicas fomentan un pensamiento innovador y estratégico, permitiendo que los emprendedores identifiquen oportunidades de negocio. A continuación, se presentan algunas de las técnicas más útiles para la generación de ideas:

1. Brainstorming (Lluvia de Ideas)

   El brainstorming es una técnica popular y efectiva que consiste en generar ideas de manera libre y espontánea. Su objetivo es producir una gran cantidad de ideas en un tiempo limitado, sin juzgar ni evaluar la viabilidad de cada una en el momento. El enfoque es fomentar la creatividad y liberar el pensamiento, ya que incluso ideas poco convencionales pueden inspirar propuestas viables.

⇨ Cómo realizarlo:

- **Paso 1:** Define un tema o problema claro para el que se busca una solución. Por ejemplo, "¿Qué nuevas formas de ofrecer servicios de comida saludable podrían atraer a los jóvenes?"
- **Paso 2:** Reúne a un equipo (o realiza el ejercicio individualmente si se trata de un emprendimiento en solitario).
- **Paso 3:** Anota todas las ideas, sin censura ni críticas. No importa cuán extravagante o simple parezca una idea.
- **Paso 4:** Una vez finalizada la sesión, selecciona las ideas más prometedoras y evalúa su viabilidad.

⇨ **Consejo:** A veces las mejores ideas surgen al combinar dos o más ideas “mediocres”. Al final del ejercicio, intenta fusionar conceptos para explorar soluciones únicas.

2. Análisis de tendencias

El análisis de tendencias implica observar los cambios y patrones en el mercado, los comportamientos de los consumidores y las innovaciones tecnológicas o sociales. Esta técnica permite a los emprendedores anticiparse a futuras necesidades y adaptar sus ideas a lo que será relevante en los próximos años.

⇨ Cómo realizarlo:

- **Paso 1:** Identifica fuentes confiables para conocer las últimas tendencias en tu sector. Estas pueden ser informes de mercado, artículos de expertos, análisis de consultoras (como McKinsey o Deloitte) o plataformas de tendencias (como TrendWatching).
- **Paso 2:** Analiza las tendencias de consumo y de estilo de vida (por ejemplo, el interés en el bienestar y la salud, la digitalización, o el crecimiento de la economía circular).
- **Paso 3:** Reflexiona sobre cómo estas tendencias pueden abrir nuevas oportunidades de negocio o modificar las demandas del mercado actual.

⇨ **Ejemplo práctico:** Al observar la tendencia hacia la sostenibilidad y la reducción de residuos, un emprendedor puede inspirarse para crear productos reutilizables, como botellas, bolsas o envases, y satisfacer la demanda de consumidores conscientes con el medio ambiente.

⇨ **Consejo:** Combina varias tendencias para descubrir nichos específicos. Por ejemplo, unir la tendencia de bienestar personal con la tecnología wearable podría inspirar un producto que combine fitness y monitoreo de salud.

3. Benchmarking

El benchmarking es una técnica de análisis que consiste en observar y evaluar las prácticas de empresas líderes en un sector o en industrias relacionadas para identificar sus fortalezas y áreas de éxito. Este método ayuda a los emprendedores a aprender de los logros y errores de otros, y a adaptar estas ideas al contexto de su propio negocio, sin copiar directamente.

- ⇨ Cómo realizarlo:
  - ➤ **Paso 1:** Identifica empresas exitosas en el área de interés. Estas empresas pueden ser líderes de la industria o nuevos competidores con ideas innovadoras.
  - ➤ **Paso 2:** Analiza sus productos, estrategias de marketing, modelos de negocio y procesos de atención al cliente.
  - ➤ **Paso 3:** Reflexiona sobre qué aspectos de sus estrategias podrían ser útiles para mejorar o diferenciar tu propia idea de negocio.
- ⇨ **Ejemplo práctico:** Una pequeña cafetería podría hacer benchmarking con grandes cadenas de café para analizar cómo gestionan la experiencia del cliente, el marketing digital y la eficiencia operativa. Inspirándose en estas prácticas, la cafetería podría implementar un sistema de pedidos en línea o un programa de fidelización que ofrezca recompensas a clientes frecuentes.
- ⇨ **Consejo:** El benchmarking también puede realizarse en sectores diferentes. Por ejemplo, si una empresa en el sector de moda observa que los servicios de suscripción funcionan bien en el entretenimiento (como Netflix), podría considerar implementar un servicio de suscripción de ropa.

4. Mapa mental (Mind Mapping)

El mind mapping es una técnica visual que ayuda a organizar ideas y explorar todas las áreas relacionadas con un tema central.

Es ideal para estructurar y ampliar ideas, ya que permite visualizar las relaciones entre diferentes conceptos y detectar oportunidades que podrían no ser evidentes en un formato lineal.

- ⇨ Cómo realizarlo:
  - ➤ **Paso 1:** Escribe el tema o concepto central en el centro de una hoja en blanco.

- **Paso 2:** Dibuja ramas que representen ideas o categorías relacionadas con el tema central. Por ejemplo, si el tema es "negocios de tecnología", las ramas pueden incluir "educación", "salud" y "servicios financieros".
- **Paso 3:** A partir de cada rama, desarrolla subtemas y conecta ideas adicionales. Esto puede ayudar a descubrir conceptos o combinaciones nuevas que resulten innovadoras.

⇨ **Consejo:** Utiliza colores, símbolos y palabras clave para hacer el mapa más claro y atractivo visualmente, lo que te ayudará a comprender mejor las relaciones entre ideas y a estimular la creatividad.

5. SCAMPER

La técnica SCAMPER es una herramienta de creatividad que ayuda a generar ideas a través de la modificación de productos o servicios existentes. La palabra SCAMPER es un acrónimo que representa diferentes acciones que se pueden aplicar a una idea o producto: Sustituir, Combinar, Adaptar, Modificar, Proponer, otros usos, Eliminar y Reorganizar.

⇨ Cómo realizarlo:

- **Paso 1:** Elige un producto o servicio actual y analiza cada uno de los verbos de SCAMPER.
- **Paso 2:** Realiza una lluvia de ideas sobre cómo cambiaría el producto si se aplicara cada una de estas acciones.
- **Paso 3:** Selecciona las ideas más prometedoras y evalúa su viabilidad.

⇨ **Ejemplo práctico:** Supongamos que estás analizando el producto "bicicleta". Al aplicar SCAMPER, podrías:

- Sustituir materiales para hacerla más ligera.
- Combinar la bicicleta con funciones de bicicleta eléctrica.
- Adaptar el diseño para que sea plegable y fácil de transportar.

- Modificar el asiento para que sea ergonómico.
- Proponer otros usos, como ofrecer servicios de bicicleta compartida.
- Eliminar componentes innecesarios para reducir el peso.
- Reorganizar el diseño para optimizar la comodidad y el almacenamiento.

Consejos para desarrollar ideas innovadoras

1. Rompe paradigmas

   A veces, las ideas más innovadoras surgen cuando desafías las normas tradicionales de una industria. Pregúntate: ¿por qué se hace de esta manera? ¿Qué pasaría si hiciera lo opuesto? Esto te permitirá descubrir opciones que otros no han considerado.

2. Combina ideas de diferentes áreas

   La innovación puede surgir al combinar conceptos de diferentes sectores. Por ejemplo, puedes tomar una idea exitosa en el sector tecnológico y adaptarla al sector de la moda, o aplicar conceptos de la industria de la salud en la educación.

3. Escucha a tus potenciales clientes

   Observa y escucha las necesidades, deseos y quejas de tus clientes. Los comentarios de los consumidores son una fuente valiosa de inspiración y pueden ayudarte a perfeccionar tu idea de negocio para adaptarla a sus demandas.

4. Experimenta y prototipa

   A veces es difícil prever cómo funcionará una idea hasta que la pruebas en la práctica. Realizar prototipos o pruebas a pequeña escala te permitirá ver qué aspectos necesitan mejoras antes de lanzarte al mercado.

5. Sé perseverante y flexible

   La innovación requiere tiempo y esfuerzo, y muchas ideas necesitan varias iteraciones antes de encontrar su versión ideal. Mantente abierto a ajustar y mejorar tu idea a medida que recibas retroalimentación y te enfrentes a los desafíos del proceso creativo.

Estas técnicas y consejos ayudan a los emprendedores a generar y evaluar ideas de negocio innovadoras, abriendo un abanico de posibilidades para la creación de empresas que se adapten a las necesidades y cambios del mercado.

2.3. Creatividad e innovación

La creatividad e innovación son elementos esenciales en el proceso de emprendimiento. La creatividad permite idear conceptos y soluciones únicas, mientras que la innovación aplica estas ideas en el mercado, transformándolas en productos, servicios o procesos que aporten valor y resuelvan necesidades. Cuando se fomenta la creatividad y se implementa la innovación, los negocios pueden diferenciarse, mantenerse sostenibles y alcanzar el éxito a largo plazo.

- Estrategias para fomentar la creatividad

1. Crear un ambiente propicio para la creatividad

   El entorno físico y mental tiene un impacto en la capacidad de las personas para generar ideas. Espacios cómodos, colores vivos, luz natural y herramientas como pizarras y materiales de escritura fomentan el pensamiento creativo. Un ambiente donde se valoran las ideas sin juicio estimula la creatividad y ayuda a que surjan soluciones novedosas.

   - **Consejo:** Dedica un espacio de trabajo donde te sientas cómodo y libre de distracciones. Rodearte de elementos inspiradores, como libros, arte o herramientas visuales, puede ayudar a activar tu mente creativa.

2. Practicar el “pensamiento lateral”

   El pensamiento lateral implica resolver problemas de manera indirecta y creativa, en lugar de seguir soluciones convencionales. Para practicarlo, puedes utilizar técnicas como el “¿qué pasaría si...?”, que te llevan a pensar en opciones que normalmente no considerarías.

- ⇨ **Ejemplo de ejercicio:** Toma un producto existente y reformúlalo con una premisa inusual. Pregunta "¿qué pasaría si este producto estuviera hecho de otro material?" o "¿qué sucedería si se usara para algo completamente diferente?". Esto puede llevarte a descubrir aplicaciones o mercados insospechados.

3. Asumir la "mentalidad de principiante"

   La mentalidad de principiante se refiere a acercarse a un problema sin preconceptos ni ideas predefinidas. Esto permite ver situaciones de una manera fresca y explorar alternativas que un experto, que asume conocer todas las respuestas, podría pasar por alto.

   - ⇨ **Consejo:** Para entrenar esta mentalidad, practica cuestionarte cosas que usualmente das por sentadas. Pregúntate por qué las cosas funcionan de cierta manera y considera cómo podrían funcionar si fueran completamente diferentes.

4. Realizar actividades creativas externas

   La creatividad se nutre de experiencias diversas. Realizar actividades fuera de tu área de especialización, como la pintura, la música, la escritura o el deporte, puede expandir tus perspectivas y ayudarte a asociar conceptos de forma novedosa.

   - ⇨ **Ejemplo:** Si eres un emprendedor en tecnología, dedica tiempo a una actividad artística. La exposición a formas distintas de pensar y crear puede ayudarte a abordar tus proyectos con una perspectiva más innovadora.

5. Establecer límites creativos

   Aunque suene paradójico, a veces establecer restricciones puede fomentar la creatividad. Cuando tienes límites de recursos, tiempo o espacio, te ves obligado a buscar soluciones más ingeniosas y a maximizar el uso de lo que tienes.

   - ⇨ **Ejercicio:** Intenta desarrollar una idea de negocio con una restricción concreta, como "sin presupuesto de marketing" o "utilizando solo materiales reciclados". Esto puede llevarte a encontrar alternativas que de otra manera no considerarías.

♦ El papel de la innovación en la generación de negocios sostenibles y únicos

La innovación es el proceso de transformar ideas creativas en soluciones prácticas y aplicables, y juega un papel fundamental en la creación de negocios que sean únicos y sostenibles. Las empresas innovadoras no solo logran destacarse en un mercado competitivo, sino que también pueden adaptarse a los cambios del entorno y satisfacer las necesidades en constante evolución de los consumidores.

1. Innovación en productos y servicios

   La innovación permite mejorar productos existentes o desarrollar nuevos productos que satisfacen necesidades emergentes. Las empresas que innovan en sus productos y servicios logran atraer y retener a los clientes al ofrecer algo distintivo y relevante. Esto también contribuye a la sostenibilidad del negocio, ya que los productos innovadores son más difíciles de copiar y tienen un valor añadido que atrae a consumidores fieles.

   ⇨ **Ejemplo práctico:** Tesla revolucionó el mercado automotriz al introducir vehículos eléctricos de alta eficiencia y con tecnología avanzada, capturando la atención de consumidores interesados en soluciones de transporte sostenibles y tecnológicas.

2. Innovación en procesos

   La innovación en procesos se refiere a mejorar la eficiencia de las operaciones internas de una empresa. Esto puede implicar el uso de nuevas tecnologías, la optimización de la cadena de suministro, o la adopción de métodos de producción más sostenibles. Mejorar los procesos internos permite reducir costos, mejorar la calidad y aumentar la capacidad de respuesta al mercado.

   ⇨ **Ejemplo práctico:** Zara implementó un modelo de "moda rápida", innovando en su cadena de suministro para llevar las tendencias de moda a las tiendas en cuestión de semanas en lugar de meses. Este proceso le permitió adaptarse rápidamente a las preferencias de los consumidores y mantenerse a la vanguardia de la moda.

3. Innovación sostenible

La sostenibilidad es una tendencia clave que cada vez cobra mayor relevancia en el emprendimiento. La innovación sostenible busca crear productos o servicios que minimicen el impacto ambiental o utilicen recursos de manera responsable, logrando un equilibrio entre las necesidades empresariales y las del planeta. Esta estrategia no solo mejora la reputación de la empresa, sino que también atrae a consumidores cada vez más conscientes de los problemas ambientales.

⇨ **Ejemplo práctico:** Patagonia, una marca de ropa al aire libre, innovó en la sostenibilidad al utilizar materiales reciclados y fomentar la reparación de sus productos en lugar de promover el consumo desmedido. Esta estrategia le ha ganado una base de clientes leales y una reputación como líder en sostenibilidad en la industria de la moda.

4. Innovación en modelos de negocio

Los modelos de negocio innovadores pueden transformar industrias enteras al ofrecer una nueva forma de proporcionar productos o servicios. Esto incluye desde modelos de suscripción y economía colaborativa, hasta sistemas de pago por uso. Las empresas que innovan en sus modelos de negocio pueden acceder a nuevos mercados y responder a las preferencias cambiantes de los consumidores.

⇨ **Ejemplo práctico:** Netflix transformó la industria del entretenimiento al cambiar de un modelo de alquiler de DVD a un servicio de suscripción de streaming en línea. Esta innovación no solo le permitió liderar el mercado, sino que también revolucionó la forma en que el mundo consume contenido audiovisual.

5. Cultura de innovación continua

Las empresas más exitosas son aquellas que adoptan la innovación como un proceso continuo y no como un evento puntual. Fomentar una cultura de innovación en la empresa implica incentivar la generación de ideas, recompensar la creatividad y crear un entorno donde todos los empleados se sientan motivados para aportar ideas de mejora.

- ⇨ **Consejo:** Crear una cultura de innovación requiere establecer espacios para la experimentación y el aprendizaje continuo, y no penalizar los errores. Los errores, si se analizan correctamente, pueden ser fuentes valiosas de aprendizaje e inspiración para futuras innovaciones.

♦ Consejos para desarrollar ideas innovadoras y sostenibles

1. Piensa a largo plazo

   La innovación sostenible implica pensar en el impacto a largo plazo de tus productos y procesos. Reflexiona sobre cómo tu negocio puede aportar valor a lo largo del tiempo y cómo contribuirá al bienestar de las generaciones futuras.

2. Escucha a tus clientes y al mercado

   La retroalimentación de los clientes es fundamental para identificar áreas de mejora y oportunidades de innovación. Mantén una comunicación constante con tus consumidores y observa las tendencias del mercado para asegurarte de que tu negocio evoluciona conforme a las necesidades reales.

3. Colabora y aprende de otros sectores

   Las mejores innovaciones a menudo surgen de la colaboración interdisciplinaria. La unión de diferentes perspectivas y experiencias permite encontrar soluciones únicas. Explora alianzas con empresas de otros sectores, participa en eventos de networking o colabora con expertos para obtener inspiración externa.

4. Prueba, aprende y adapta

   La innovación es un proceso de prueba y error. Prototipa tus ideas, lanza versiones de prueba y recopila datos para saber qué funciona y qué necesita ajustes. La capacidad de aprender y adaptarse rápidamente permite a los emprendedores aprovechar las oportunidades antes que la competencia.

5. Desarrolla un enfoque holístico

   La innovación sostenible requiere considerar todos los aspectos del negocio: desde la obtención de materias primas y el proceso de producción hasta la experiencia del cliente y la gestión de residuos. Al implementar mejoras en toda la cadena de valor, puedes asegurar que tu empresa se mantenga relevante y genere un impacto positivo.

Al aplicar estrategias de creatividad y fomentar una cultura de innovación, los emprendedores pueden desarrollar negocios que sean únicos y sostenibles, adaptándose a las demandas cambiantes y generando un valor duradero en el mercado.

2.4. Identificación de nichos de mercado

Encontrar un nicho de mercado significa identificar un segmento específico de consumidores con necesidades o preferencias particulares que no están siendo completamente satisfechas por el mercado general. Los nichos de mercado ofrecen a los emprendedores la oportunidad de posicionarse con una propuesta única, diferenciada y con menos competencia, lo cual puede traducirse en lealtad de clientes y rentabilidad a largo plazo. Aquí se explica cómo investigar y detectar áreas de oportunidad en nichos de mercado y qué tipos de productos o servicios pueden destacarse en estos segmentos.

♦ Cómo investigar y encontrar áreas de oportunidad en nichos de mercado

1. Realizar investigaciones de mercado detalladas

   La investigación de mercado es el primer paso para identificar nichos específicos. Utilizar herramientas de análisis de datos, como encuestas, estudios de consumo y estadísticas de mercado, permite obtener una visión clara de las tendencias y de las necesidades insatisfechas. Además, las plataformas en línea y redes sociales también ofrecen datos valiosos sobre las preferencias y comportamientos de consumidores específicos.

   ⇨ **Consejo:** Explora herramientas como Google Trends, Statista y encuestas de redes sociales para observar el crecimiento de determinados temas o productos, lo que puede indicar nichos emergentes.

2. Segmentación de clientes

   Divide el mercado en subgrupos basados en factores demográficos, geográficos, psicográficos y conductuales. Por ejemplo, un análisis demográfico puede revelar un nicho basado en la edad (como productos para adultos mayores), mientras que un análisis psicográfico puede descubrir oportunidades basadas en estilos de vida (como productos veganos para personas preocupadas por la sostenibilidad).

   ⇨ **Ejemplo:** Si estás interesado en el mercado de fitness, podrías segmentar aún más el mercado y enfocar tu negocio en "ejercicios para madres primerizas", "entrenamiento para personas mayores de 60 años" o "rutinas de fitness en casa".

3. Análisis de la competencia y benchmarking en nichos específicos

   Observa qué empresas ya están atendiendo ciertos nichos y analiza si existen brechas en su oferta de productos o servicios. Este análisis competitivo te permite identificar áreas donde puedes diferenciarte o mejorar la oferta existente, y adaptar tu producto para satisfacer esas necesidades específicas.

   ⇨ **Consejo:** Si detectas que un competidor se concentra en un nicho, como cosméticos naturales, podrías investigar si existe un subnicho (por ejemplo, "cosméticos naturales y veganos para piel sensible") que no esté siendo completamente aprovechado.

4. Estudiar foros y comunidades en línea

   Las comunidades en línea y los foros son fuentes valiosas de información para identificar nichos, ya que muchas personas discuten sus problemas, necesidades y deseos en estos espacios. Plataformas como Reddit, Quora y grupos de Facebook pueden proporcionar ideas sobre productos o servicios que podrían ser bien recibidos por audiencias específicas.

   ⇨ **Ejemplo:** Un grupo en Facebook sobre la crianza de niños podría revelar una necesidad común, como productos de higiene natural y seguros para bebés. Esta información puede inspirar a un emprendedor a crear un negocio de productos de cuidado personal orgánicos enfocados en bebés.

5. Investigar tendencias de palabras clave

   Analizar palabras clave con herramientas como Google Keyword Planner, Ubersuggest o SEMrush te permite identificar nichos de mercado. Las palabras clave de baja competencia y con un volumen de búsqueda específico indican que existe interés en un tema, pero aún hay pocas empresas que lo estén explotando.

   ⇨ **Ejemplo:** Una búsqueda de palabras clave puede revelar que el término "alimentos veganos para deportistas" tiene un volumen de búsqueda en crecimiento, pero poca competencia, lo cual indica una oportunidad de negocio.

6. Explorar oportunidades en el extranjero

   A veces, los nichos de mercado exitosos en otros países aún no han sido explorados en el mercado local. Observar lo que está funcionando en otros lugares puede dar ideas de negocios que pueden ser adaptadas y lanzadas en nuevos mercados.

   ⇨ **Ejemplo:** En muchos países, el mercado de bebidas funcionales, como las que contienen adaptógenos o probióticos, está en auge. Traer una propuesta de este tipo a un mercado que aún no la ha explorado puede ser una oportunidad para ocupar un nicho rentable.

♦ Qué tipo de productos o servicios pueden ser novedosos y rentables en nichos de mercado

1. Productos personalizados

   Los consumidores en nichos específicos a menudo buscan productos que se adapten a sus necesidades individuales. Los productos personalizados, como ropa a medida, productos de belleza hechos a la medida o regalos personalizados, pueden ser altamente rentables, ya que los clientes están dispuestos a pagar más por productos únicos y adaptados a sus gustos.

   ⇨ **Ejemplo:** Crear una línea de cosméticos personalizables donde el cliente elige los ingredientes según su tipo de piel y preferencias específicas.

2. Servicios de suscripción

   Los servicios de suscripción son una tendencia en crecimiento en muchos nichos de mercado. Este modelo permite a los consumidores recibir productos o servicios recurrentes de acuerdo con sus necesidades específicas. Las suscripciones pueden funcionar bien en nichos como productos ecológicos, alimentos especializados, cuidado de mascotas y educación en línea.

   ⇨ **Ejemplo:** Un servicio de suscripción de "kits de jardinería en interiores" que ofrece diferentes plantas, herramientas y consejos mensuales para entusiastas de la jardinería que viven en departamentos.

3. Productos ecológicos y sostenibles

   La demanda de productos sostenibles sigue creciendo, y los nichos en esta categoría incluyen desde moda sostenible y productos de higiene ecológicos hasta empaques biodegradables y alternativas a los plásticos. A medida que los consumidores se preocupan más por el medio ambiente, este tipo de productos tienen un atractivo especial en nichos comprometidos con la sostenibilidad.

   ⇨ **Ejemplo:** Crear una línea de artículos de cocina sostenibles, como cepillos de bambú, esponjas compostables y utensilios de cocina reutilizables.

4. Productos de bienestar y salud mental

   El bienestar físico y mental ha ganado gran popularidad, y existen nichos específicos que pueden atender las necesidades de personas que buscan mejorar su calidad de vida. Productos como aceites esenciales, suplementos naturales, dispositivos de meditación y artículos de yoga pueden ser muy atractivos para consumidores preocupados por el bienestar integral.

   ⇨ **Ejemplo:** Ofrecer un kit de autocuidado mensual que incluya productos como velas aromáticas, tés relajantes y guías de meditación, enfocado en personas que buscan mejorar su salud mental.

5. Educación y formación en línea especializada

   Con el aumento del aprendizaje en línea, los cursos y talleres en temas especializados o de nicho tienen alta demanda. Las personas buscan conocimientos prácticos y específicos que no están cubiertos por la educación formal. Los nichos en este sector incluyen desde cursos de programación y diseño hasta asesoría en jardinería urbana o entrenamiento para deportes específicos.

   ⇨ **Ejemplo:** Un curso en línea específico sobre "fotografía de productos para redes sociales", dirigido a emprendedores que desean mejorar la presentación de sus productos en Instagram.

6. Productos y servicios para mascotas

   El mercado de las mascotas es uno de los sectores de consumo en mayor crecimiento, y existen nichos específicos dentro de esta industria. Productos como alimentos orgánicos para mascotas, ropa y accesorios personalizados, y servicios de cuidado especializado, como spas para mascotas, tienen alta demanda.

   ⇨ **Ejemplo:** Crear una línea de alimentos naturales y orgánicos para mascotas con sensibilidades alimentarias o alergias específicas, un nicho poco atendido en muchas zonas.

7. Tecnología portátil y "wearables" específicos

   Los dispositivos portátiles, como relojes inteligentes, están en auge y cada vez se desarrollan más productos específicos para nichos de mercado. Existen wearables para deportistas, personas mayores, viajeros y amantes de los animales que desean controlar su bienestar físico, mantenerse en contacto o mejorar su rendimiento en actividades específicas.

   ⇨ **Ejemplo:** Desarrollar un wearable de seguridad para niños que permite a los padres monitorear la ubicación y recibir alertas de emergencia.

8. Nicho de experiencia del cliente y personalización de servicios

   Los servicios personalizados y enfocados en brindar experiencias memorables son atractivos para muchos consumidores. Esto incluye desde paquetes de viaje únicos y actividades de lujo hasta asesorías personalizadas en áreas como nutrición, bienestar o entrenamiento físico.

⇨ **Ejemplo:** Crear una empresa de "viajes personalizados de aventura" que diseñe itinerarios únicos y exclusivos para clientes que buscan experiencias extremas y desafiantes en destinos menos conocidos.

Al identificar nichos de mercado y desarrollar productos o servicios específicos, los emprendedores pueden construir una propuesta de valor diferenciada, dirigida a audiencias bien definidas. Esto no solo reduce la competencia, sino que también permite satisfacer demandas particulares, aumentar la lealtad del cliente y mejorar la rentabilidad a largo plazo.

3. VALIDACIÓN INICIAL DE LA IDEA DE NEGOCIO O LA VÍA DE EMPRENDER.

3.1. Análisis preliminar de viabilidad

Una vez que se ha generado una idea de negocio, es fundamental realizar un análisis preliminar de viabilidad para evaluar si la idea puede ser exitosa en el mercado. Este análisis permite determinar si existe una demanda real, si el negocio puede competir en el sector y si es financieramente sostenible.

A continuación, se describen los factores clave que deben evaluarse en este análisis.

♦ Factores clave a evaluar

1. Necesidad del mercado

   La necesidad del mercado se refiere a la existencia de una demanda real por el producto o servicio. Antes de invertir en la creación de un negocio, es importante investigar si el mercado está dispuesto a adquirir la solución que se propone y si esta resuelve un problema o cubre una necesidad específica.

   ⇨ Métodos de evaluación:

   - **Encuestas y entrevistas:** Las encuestas y entrevistas permiten obtener información directa de los consumidores potenciales sobre sus necesidades, problemas y preferencias.

- **Grupos focales:** Un grupo focal es una reunión de personas representativas del mercado objetivo en la que se discute y analiza la idea de negocio. Esta técnica permite recibir retroalimentación detallada y profunda.

- **Pruebas de concepto o prototipos:** Crear una versión básica del producto o servicio y ofrecerla a un grupo reducido de usuarios puede ayudar a observar cómo responden y qué tan interesados están en la solución.

- **Búsqueda de tendencias y estudios de mercado:** Utilizar recursos como informes de tendencias y estudios sectoriales para conocer la evolución de la demanda en el sector de interés.

⇨ **Ejemplo práctico:** Una empresa que desea lanzar una línea de alimentos veganos podría realizar una encuesta entre consumidores interesados en alimentación saludable para entender qué tipo de productos veganos buscan, sus preferencias en ingredientes y sus expectativas de precio.

2. Competencia

Analizar la competencia es esencial para evaluar si la idea de negocio puede destacarse en el mercado. Un análisis de la competencia implica identificar quiénes son los principales competidores, qué productos o servicios ofrecen, cuáles son sus puntos fuertes y débiles, y qué ventajas tiene nuestra idea en comparación.

⇨ Métodos de evaluación:

- **Análisis DAFO (Debilidades, Amenazas, Fortalezas, Oportunidades):** Un análisis DAFO permite identificar fortalezas y debilidades en relación con la competencia y oportunidades en el mercado.

- **Mapa de la competencia:** Crear un mapa de la competencia visualizando las empresas en el sector y sus características, como precio, calidad, distribución y enfoque. Esto ayuda a detectar brechas en el mercado que la idea podría cubrir.

- **Revisión de reseñas y comentarios:** Analizar las opiniones y comentarios de clientes de empresas competidoras puede revelar insatisfacciones o áreas de oportunidad donde tu negocio podría destacar.

- **Evaluación de la propuesta de valor:** Analiza si tu propuesta de valor es única o si, por el contrario, existen varias alternativas similares en el mercado.

⇨ **Ejemplo práctico:** Supongamos que un emprendedor quiere abrir una cafetería con un enfoque en productos orgánicos y sostenibles. Podría investigar otras cafeterías en la zona, analizar su oferta y buscar puntos diferenciadores, como ofrecer envases compostables, recetas exclusivas o eventos de sostenibilidad en la comunidad

3. Viabilidad financiera

La viabilidad financiera consiste en evaluar si la idea de negocio puede ser rentable y sostenible en términos económicos. Esto implica realizar un cálculo preliminar de los costos de inicio y operación, proyectar los ingresos esperados y analizar si es posible generar beneficios.

⇨ Aspectos a considerar:

- **Costos de inicio:** Los costos iniciales incluyen la inversión en infraestructura, maquinaria, permisos, diseño de marca y otros gastos necesarios para el lanzamiento del negocio.

- **Costos operativos:** Los costos operativos abarcan todos los gastos recurrentes para mantener el negocio en funcionamiento, como salarios, alquiler, suministros, materias primas, marketing y servicios.

- **Precio y margen de ganancia:** Es importante establecer un precio competitivo que sea atractivo para los consumidores y, al mismo tiempo, permita obtener un margen de ganancia adecuado. Se debe considerar el precio de productos o servicios similares en el mercado para evitar precios excesivos o insuficientes.

- **Proyecciones de ingresos y rentabilidad:** Estimar los ingresos proyectados para los primeros meses o años y analizar si el negocio puede generar beneficios suficientes para cubrir los costos y obtener ganancias.

⇨ Métodos de evaluación:

- **Cálculo del punto de equilibrio:** El punto de equilibrio es el nivel de ventas necesario para cubrir todos los costos, sin obtener ganancias ni pérdidas. Calcular el punto de equilibrio ayuda a entender qué tan realista es la meta de ingresos.
- **Modelo de flujo de caja inicial:** Un flujo de caja proyectado permite prever ingresos y gastos mensuales y analizar la liquidez del negocio.
- **Simulación de escenarios:** Crear diferentes escenarios financieros (optimista, pesimista y realista) permite evaluar el riesgo financiero y anticipar cómo se podría adaptar el negocio en diferentes circunstancias.

⇨ **Ejemplo práctico:** Un emprendedor que planea abrir una tienda de ropa en línea podría realizar un cálculo inicial considerando los costos de desarrollo de la tienda web, los gastos de marketing digital y el costo de las prendas. Después, podría proyectar cuántas ventas necesita mensualmente para cubrir los costos y obtener ganancias, y realizar ajustes en el modelo según los escenarios previstos.

Este análisis preliminar de viabilidad proporciona información clave para tomar decisiones informadas y, si es necesario, ajustar la idea de negocio antes de comprometer recursos importantes. Este enfoque minimiza el riesgo y permite que el emprendedor evalúe si su propuesta tiene el potencial de ser exitosa y rentable en el mercado.

3.2. Técnicas de validación de ideas

La validación de una idea de negocio es un paso fundamental para confirmar que existe un mercado real para el producto o servicio propuesto antes de invertir tiempo y dinero en su desarrollo completo.

Existen diversas técnicas que permiten a los emprendedores probar su idea con clientes potenciales y obtener retroalimentación que les ayude a ajustar y mejorar la propuesta. Aquí se presentan las técnicas de validación más efectivas, como las pruebas de concepto, encuestas, entrevistas y pruebas de Producto Mínimo Viable (MVP).

1. Pruebas de concepto

   Una prueba de concepto (o PoC, por sus siglas en inglés) es una técnica de validación que permite comprobar si una idea puede llevarse a cabo técnicamente y si tiene potencial para satisfacer una necesidad del mercado. La prueba de concepto ayuda a identificar posibles problemas antes de realizar una inversión significativa en el desarrollo del producto o servicio completo.

   ⇨ Cómo realizar una prueba de concepto:

   - **Definir el objetivo de la prueba:** Identifica qué aspecto específico de la idea deseas validar (por ejemplo, la viabilidad técnica de un componente, la usabilidad del producto, etc.).
   - **Desarrollar una versión simplificada:** Crea una versión básica de la idea que demuestre el concepto, sin necesidad de que sea un producto terminado o completamente funcional.
   - **Evaluación:** Muestra la prueba de concepto a un grupo pequeño de clientes potenciales y solicita su opinión. Observa cómo interactúan con la idea y anota sus comentarios sobre la propuesta.

   ⇨ **Ejemplo:** Una empresa que desea lanzar un dispositivo portátil para monitorear la salud podría desarrollar un prototipo básico que registre solo algunos parámetros (por ejemplo, ritmo cardíaco y nivel de actividad). La prueba de concepto confirmará si el dispositivo puede recopilar datos precisos y si los clientes encuentran útil la función.

2. Encuestas a clientes potenciales

   Las encuestas permiten obtener retroalimentación directa de una muestra de clientes potenciales. A través de preguntas estructuradas, las encuestas ayudan a validar si existe un interés real en la idea y a identificar las preferencias, expectativas y opiniones de los consumidores.

Es una técnica económica y rápida para validar el interés del mercado.

⇨ Cómo realizar una encuesta efectiva:

- **Definir el objetivo:** Establece qué aspectos de la idea deseas validar, como la demanda, el precio, la funcionalidad o la percepción del producto.
- **Elegir el público objetivo:** Asegúrate de que las personas encuestadas representen al mercado al que quieres dirigirte.
- **Desarrollar preguntas claras y concisas:** Evita preguntas complejas o ambiguas. Incluye tanto preguntas de opción múltiple como preguntas abiertas para obtener información más completa.
- **Distribuir la encuesta:** Usa plataformas como Google Forms, Typeform o redes sociales para distribuir la encuesta entre clientes potenciales.

⇨ Ejemplo de preguntas para validar una idea de comida saludable a domicilio:

- ¿Te interesa la opción de recibir comida saludable a domicilio?
- ¿Con qué frecuencia utilizarías este servicio?
- ¿Cuánto estarías dispuesto a pagar por una comida de este tipo?
- ¿Qué factores consideras importantes (variedad, frescura, presentación, etc.)?

⇨ **Consejo:** Analiza las respuestas de la encuesta para identificar patrones y medir el nivel de interés en la idea.

3. Entrevistas a clientes potenciales

Las entrevistas son una técnica de validación cualitativa que permite obtener una retroalimentación más profunda y detallada de los clientes potenciales. A diferencia de las encuestas, las entrevistas permiten explorar las opiniones y motivaciones de los consumidores en mayor detalle, haciendo preguntas de seguimiento y profundizando en sus respuestas.

- Cómo realizar entrevistas efectivas:
  - **Definir los objetivos de la entrevista:** Establece qué aspectos deseas conocer, como las necesidades del cliente, sus preferencias y sus expectativas sobre la solución.
  - **Elegir el perfil de los entrevistados:** Selecciona personas que representen bien a tu mercado objetivo y que puedan aportar una visión relevante sobre el producto o servicio.
  - **Preparar preguntas abiertas y flexibles:** Las preguntas abiertas permiten que el entrevistado comparta sus opiniones libremente. Evita preguntas cerradas o dirigidas, y permite que la conversación fluya de forma natural.
  - **Escuchar activamente y tomar notas:** Presta atención a las opiniones y expresiones de los entrevistados, y registra las ideas principales para analizarlas posteriormente.
- Ejemplo de entrevista para una plataforma de aprendizaje en línea:
  - ¿Qué características te resultan importantes en una plataforma de aprendizaje en línea?
  - ¿Cuáles son los principales problemas que enfrentas al utilizar las plataformas de aprendizaje actuales?
  - ¿Cómo podríamos mejorar tu experiencia de aprendizaje en línea?
- **Consejo:** Después de realizar varias entrevistas, analiza los comentarios para identificar patrones o sugerencias comunes que puedan mejorar la idea de negocio.

4. Pruebas de Producto Mínimo Viable (MVP)

Un Producto Mínimo Viable (MVP, por sus siglas en inglés) es una versión básica de un producto que incluye solo las características esenciales necesarias para satisfacer una necesidad inicial del cliente.

El MVP permite probar la aceptación del mercado con una inversión mínima y recopilar información valiosa sobre cómo mejorar el producto.

⇨ Cómo desarrollar y probar un MVP:

- **Identificar las funciones clave:** Define cuáles son las características mínimas que tu producto necesita para cumplir su propósito principal. El MVP no necesita ser perfecto, solo debe ser funcional y demostrar el valor central de la idea.

- **Desarrollar una versión inicial del producto:** Crea una versión simplificada del producto y lánzala a un grupo de clientes potenciales. Puede ser un prototipo físico, una aplicación básica o incluso una página de aterrizaje que presente la idea.

- **Recopilar retroalimentación y observar el uso:** Invita a los usuarios a probar el MVP y solicita su retroalimentación. Observa cómo interactúan con el producto y registra los aspectos que les gustan, los que necesitan mejorar y los problemas que enfrentan.

- **Iterar y mejorar:** Usa la retroalimentación recibida para ajustar y mejorar el producto antes de lanzar una versión completa.

⇨ **Ejemplo:** Supongamos que deseas lanzar una aplicación de planificación financiera. Tu MVP podría ser una versión básica de la aplicación que permita a los usuarios registrar gastos y establecer un presupuesto. Con esta versión, puedes probar si los usuarios encuentran útil la función básica antes de añadir funciones avanzadas como gráficos o análisis.

⇨ **Consejo:** Lanza el MVP a un grupo pequeño de usuarios iniciales para reducir los riesgos y realizar mejoras continúas basadas en su experiencia.

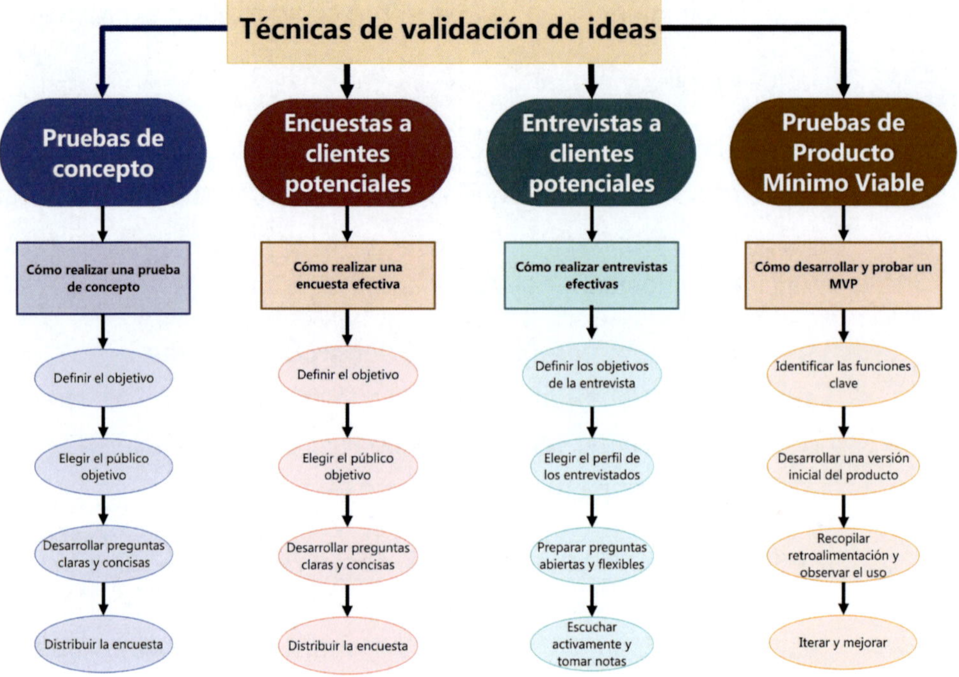

Estas técnicas de validación de ideas permiten a los emprendedores comprobar la viabilidad y atractivo de su idea en el mercado real, ajustándola según la retroalimentación recibida. Así, pueden construir una base sólida para su negocio y minimizar los riesgos al tomar decisiones informadas en las etapas iniciales.

3.3. Recopilación de feedback

Recopilar feedback de los clientes o usuarios potenciales es un paso crucial en el proceso de validación de una idea de negocio. Las opiniones de los usuarios ofrecen una perspectiva externa que puede revelar áreas de mejora, confirmar los aspectos positivos y proporcionar ideas para ajustar la propuesta de valor y adaptarla a las necesidades reales del mercado.

A continuación, se describen algunas estrategias y herramientas para recolectar y analizar el feedback de los clientes, así como consejos para aplicar los conocimientos obtenidos.

♦ Estrategias para recolectar feedback

1. Encuestas y formularios en línea

   Las encuestas y formularios en línea son herramientas eficaces para recopilar feedback rápidamente de una amplia audiencia. Estos instrumentos permiten obtener información tanto cuantitativa como cualitativa, según las preguntas formuladas.

   ⇨ **Consejo:** Usa plataformas como Google Forms, SurveyMonkey o Typeform para crear encuestas accesibles. Incluye preguntas abiertas para obtener comentarios detallados y preguntas de opción múltiple para facilitar el análisis de datos.

   ⇨ Ejemplo de preguntas:

   - ¿Qué características te resultan más atractivas de nuestro producto?
   - ¿Qué aspecto mejorarías o añadirías?
   - ¿Qué problemas o inconvenientes encontraste al usar el producto?

2. Pruebas de producto y observación de usuarios

   Permitir que los usuarios prueben el producto y observar cómo interactúan con él es una forma directa de recopilar feedback valioso. La observación permite identificar problemas de usabilidad y comprender la experiencia del usuario sin que ellos tengan que expresarlo directamente.

   ⇨ **Consejo:** Invita a un grupo pequeño de clientes potenciales a probar el producto o servicio y observa cómo interactúan. Toma notas sobre cualquier dificultad, reacción o comportamiento relevante, y pregúntales sus impresiones al final.

   ⇨ **Ejemplo:** Si estás lanzando una aplicación, observa cómo los usuarios navegan por la interfaz, si encuentran difícil realizar ciertas tareas y si se sienten cómodos con el diseño y la funcionalidad.

3. Entrevistas de feedback

   Las entrevistas de feedback permiten una conversación más profunda y detallada con los usuarios.

Esta técnica es útil para explorar opiniones y obtener comentarios específicos sobre los aspectos clave del producto.

- **Consejo:** Realiza entrevistas individuales con usuarios representativos del mercado objetivo. Usa preguntas abiertas para que los entrevistados puedan exponer sus pensamientos y sentimientos sobre el producto.
- Ejemplo de preguntas para una entrevista de feedback:
  - ¿Qué te motivaría a utilizar este producto con frecuencia?
  - ¿Hay algo en el producto que te haya resultado confuso o poco intuitivo?
  - ¿En qué situaciones crees que usarías este producto y por qué?

4. Comentarios en redes sociales y foros

   Las redes sociales y los foros en línea son plataformas donde los usuarios suelen expresar sus opiniones de manera espontánea. Explorar estos comentarios y responder a las interacciones puede proporcionar ideas sobre cómo mejorar el producto y detectar tendencias.

   - **Consejo:** Publica el producto o idea en redes sociales, como Facebook, Instagram o Twitter, y lee los comentarios y respuestas de los usuarios. Además, participa en foros relacionados con tu nicho de mercado (por ejemplo, Reddit) y presta atención a lo que los usuarios discuten sobre productos similares.
   - **Ejemplo:** Un negocio de ropa sostenible podría observar los comentarios en grupos de redes sociales sobre moda ética para entender las expectativas del cliente respecto a calidad, precios y estilo.

5. Análisis de datos de comportamiento

   En productos digitales, como aplicaciones o sitios web, el análisis del comportamiento del usuario puede proporcionar información valiosa sin necesidad de que los usuarios expresen sus opiniones directamente. El análisis de datos de comportamiento permite observar cómo interactúan los usuarios con el producto, cuánto tiempo pasan en cada sección, y en qué puntos abandonan la experiencia.

- ⇨ **Consejo:** Usa herramientas de análisis, como Google Analytics o Hotjar, para observar el comportamiento de los usuarios en tu sitio web o aplicación. Analiza el flujo de usuarios, la tasa de conversión y los puntos de abandono.
- ⇨ **Ejemplo:** Si los usuarios abandonan la página de compra en un sitio de comercio electrónico, puede ser una señal de que el proceso es demasiado complicado o que existen problemas de usabilidad que necesitan ser corregidos.

♦ Cómo analizar y aplicar el feedback

1. Organizar y clasificar el feedback

   Una vez recopilado, organiza el feedback en categorías para facilitar su análisis. Las categorías pueden incluir aspectos como funcionalidad, usabilidad, diseño, precio, satisfacción general y sugerencias de mejora. Esta clasificación permite identificar patrones y tendencias de manera más sencilla.

   - ⇨ **Consejo:** Usa una hoja de cálculo o software de análisis cualitativo (como NVivo) para categorizar los comentarios. Anota las sugerencias más frecuentes y las preocupaciones más comunes en cada categoría.

2. Identificar patrones y temas recurrentes

   Busca patrones en el feedback que indiquen aspectos en los que los usuarios están de acuerdo. Si muchos usuarios mencionan un problema o solicitan una característica específica, eso puede indicar una prioridad para el desarrollo y mejora del producto.

   - ⇨ **Ejemplo:** Si un porcentaje significativo de usuarios menciona que el proceso de registro es confuso, esto indica que el registro debe simplificarse. Si varios usuarios solicitan una funcionalidad específica, considera añadirla en la siguiente versión del producto.

3. Establecer prioridades de mejora

   No todos los comentarios pueden ser implementados de inmediato. Evalúa cuáles son las mejoras más importantes o urgentes según el feedback y establece un orden de prioridad.

Algunos criterios para priorizar pueden ser la frecuencia de la solicitud, la complejidad de la implementación y el impacto en la experiencia del usuario.

- ⇨ **Consejo:** Divide las mejoras en "imprescindibles", "deseables" y "a considerar en el futuro" para gestionar el desarrollo del producto de manera eficiente.

4. Probar las modificaciones

Una vez realizadas las modificaciones basadas en el feedback, es importante probar las mejoras con un grupo de usuarios. Este proceso de iteración permite evaluar si las modificaciones han resuelto los problemas iniciales y si han mejorado la experiencia del cliente.

- ⇨ **Ejemplo:** Si modificaste la interfaz de una aplicación para que sea más fácil de usar, realiza una nueva prueba de usabilidad con usuarios para ver si la nueva versión es más intuitiva.

5. Comunicar los cambios a los usuarios

Agradece a los usuarios por su feedback y comunica los cambios que has implementado basándote en sus sugerencias. Este gesto muestra que valoras sus opiniones y los hace sentir parte del proceso de desarrollo, lo que fomenta la lealtad y el compromiso con tu producto o marca.

- ⇨ **Consejo:** Usa un boletín, redes sociales o un mensaje dentro de la aplicación para informar a los usuarios sobre las actualizaciones y agradecerles por su colaboración.

♦ Ejemplo de recopilación y aplicación de feedback

Imaginemos que un emprendedor ha lanzado una versión beta de una aplicación de recetas saludables. Durante el período de prueba, recoge el siguiente feedback de los usuarios:

1. **Encuesta inicial:** La mayoría de los usuarios expresan que valoran el diseño visual, pero mencionan que la sección de búsqueda es poco intuitiva.

2. **Entrevistas de seguimiento:** Varios usuarios indican que les gustaría tener una función de personalización que les permita guardar recetas favoritas y crear listas de compras.

3. **Observación de uso:** Mediante herramientas de análisis de comportamiento, el emprendedor observa que muchos usuarios abandonan la aplicación después de buscar recetas sin resultados precisos.

⇨ Análisis y aplicación del feedback:

- **Problemas identificados:** La búsqueda es confusa y los usuarios no pueden personalizar su experiencia.
- **Mejoras implementadas:** El emprendedor ajusta la funcionalidad de búsqueda para que sea más rápida e intuitiva y añade una sección donde los usuarios puedan guardar sus recetas favoritas.
- **Resultado:** Tras implementar estas mejoras, el emprendedor recopila nuevo feedback y observa que los usuarios pasan más tiempo en la aplicación y la recomiendan a otros.

La recopilación y el análisis de feedback permiten adaptar y mejorar el producto de manera continua. Al seguir estas estrategias, los emprendedores pueden crear productos que realmente satisfacen las expectativas y necesidades de sus clientes, aumentando las posibilidades de éxito en el mercado.

3.4. Análisis de riesgos y oportunidades

El análisis de riesgos y oportunidades es un paso clave para evaluar los posibles desafíos que podrían surgir durante la implementación de una idea de negocio y para anticiparse a ellos. Este análisis permite identificar tanto los factores que pueden obstaculizar el éxito de la idea como las oportunidades que pueden aprovecharse para mejorar la propuesta de valor. La anticipación y preparación ante los riesgos aumenta las probabilidades de éxito y ayuda a tomar decisiones estratégicas informadas.

♦ Pasos para el análisis de riesgos y oportunidades

1. Identificación de riesgos potenciales

Identificar los riesgos significa prever los factores que podrían afectar el desarrollo y crecimiento del negocio. Estos riesgos pueden ser internos (como la falta de experiencia o recursos limitados) o externos (como cambios en el mercado o en la regulación).

Algunos de los riesgos más comunes incluyen:

- ⇨ **Riesgo de mercado:** La posibilidad de que no haya suficiente demanda para el producto o servicio, o de que surjan competidores fuertes que afecten la participación en el mercado.
- ⇨ **Riesgo financiero:** La falta de capital para cubrir los costos de operación, problemas de flujo de caja o la dificultad de alcanzar el punto de equilibrio.
- ⇨ **Riesgo tecnológico:** Posibles problemas con la tecnología utilizada, como la necesidad de actualizaciones, fallos técnicos o la dependencia de proveedores específicos.
- ⇨ **Riesgo legal y regulatorio:** Cambios en la legislación que afecten al sector, como nuevas normas fiscales, de seguridad o de protección de datos.
- ⇨ **Riesgo de reputación:** La posibilidad de que ocurran problemas que afecten la percepción de la marca, como una mala experiencia de cliente o problemas de calidad.
- ⇨ **Ejemplo:** Un emprendedor que quiere lanzar una plataforma de comercio en línea podría identificar el riesgo de mercado (competencia de grandes plataformas como Amazon), riesgo tecnológico (caídas en el servidor) y riesgo financiero (dificultad para obtener suficientes ventas iniciales).

2. Identificación de oportunidades

   Las oportunidades son factores que pueden ser aprovechados para fortalecer la propuesta de valor y mejorar el posicionamiento de la idea en el mercado. Estas oportunidades pueden surgir de tendencias, cambios en el comportamiento del consumidor o avances tecnológicos. Algunos tipos de oportunidades incluyen:

- ⇨ **Tendencias del mercado:** Crecimiento en la demanda de productos sostenibles, aumento del interés en servicios digitales, entre otros.
- ⇨ **Avances tecnológicos:** Nuevas tecnologías que permitan mejorar el producto o hacerlo más eficiente.

- **Cambios en la demografía o comportamiento del consumidor:** Cambios en las preferencias de los consumidores que el negocio podría aprovechar para adaptarse mejor a sus necesidades.
- **Expansión a nuevos mercados:** La posibilidad de explorar mercados regionales, nacionales o internacionales donde exista menos competencia o más demanda.
- **Ejemplo:** En el caso de un negocio de comida saludable, podría identificar oportunidades en el crecimiento de la demanda de alimentos veganos o en la tendencia de entrega a domicilio.

3. Evaluación y priorización de riesgos y oportunidades

   No todos los riesgos y oportunidades tienen la misma relevancia. Por eso, es importante evaluarlos según su impacto y la probabilidad de que ocurran. Una matriz de riesgo-oportunidad puede ayudar a priorizar estos factores y a enfocar los recursos y esfuerzos en los aspectos más críticos.

   - **Consejo:** Divide los riesgos y oportunidades en categorías de "Alta", "Media" y "Baja" prioridad según su impacto y probabilidad.
   - **Ejemplo:** Si el riesgo financiero es alto y muy probable (por ejemplo, problemas de flujo de caja en los primeros seis meses), es prioritario abordarlo. En cambio, un riesgo de baja probabilidad, como cambios imprevistos en el tipo de cambio, puede ser monitoreado sin una acción inmediata.

4. Desarrollo de un plan de mitigación para los riesgos

   Una vez identificados y priorizados los riesgos, es importante desarrollar un plan de mitigación. Este plan describe las acciones que se tomarán para reducir el impacto de los riesgos y asegurar que el negocio esté preparado para enfrentarlos.

   - Ejemplos de estrategias de mitigación:
     - **Riesgo de mercado:** Realizar estudios de mercado previos y pruebas de producto para evaluar la aceptación en el mercado antes de una inversión significativa.

- **Riesgo financiero:** Mantener un fondo de contingencia, buscar fuentes alternativas de financiación o establecer acuerdos flexibles con proveedores.
- **Riesgo tecnológico:** Contar con un equipo técnico capacitado y crear un plan de respaldo para los sistemas críticos.
- **Riesgo regulatorio:** Consultar con asesores legales para asegurar el cumplimiento y realizar un seguimiento de las regulaciones vigentes.

⇨ **Ejemplo:** Para mitigar el riesgo tecnológico de una plataforma en línea, el emprendedor podría contratar servicios de alojamiento de alta disponibilidad y asegurar copias de seguridad automáticas.

5. Plan de aprovechamiento de oportunidades

Además de mitigar los riesgos, un análisis efectivo también incluye un plan para maximizar las oportunidades. Esto implica identificar las acciones necesarias para aprovechar las oportunidades detectadas y cómo estas pueden integrarse en la estrategia del negocio.

⇨ Ejemplos de estrategias para aprovechar oportunidades:

- **Tendencias del mercado:** Si el mercado muestra un creciente interés en productos ecológicos, considera implementar prácticas sostenibles en el negocio y comunicarlo activamente a los consumidores.
- **Avances tecnológicos:** Adoptar herramientas o tecnologías que hagan el negocio más eficiente o que permitan una mejor experiencia del cliente.
- **Expansión a nuevos mercados:** Desarrollar estrategias de marketing digital para llegar a audiencias en nuevas regiones o adaptar la oferta a las necesidades de mercados locales.

⇨ **Ejemplo:** Si un emprendedor descubre una creciente demanda de productos saludables en regiones rurales, podría planear una expansión del servicio a estas áreas mediante una plataforma de pedidos en línea.

- Herramientas para el análisis de riesgos y oportunidades

1. Matriz de riesgo-oportunidad

   Una matriz de riesgo-oportunidad clasifica los riesgos y oportunidades según su impacto y probabilidad. En esta herramienta, se dividen los factores en cuatro cuadrantes:

   ⇨ **Alta probabilidad y alto impacto:** Requieren acciones inmediatas de mitigación o aprovechamiento.

   ⇨ **Alta probabilidad y bajo impacto:** Requieren monitoreo y medidas de mitigación moderadas.

   ⇨ **Baja probabilidad y alto impacto:** Requieren un plan de contingencia para minimizar su efecto si ocurren.

   ⇨ **Baja probabilidad y bajo impacto:** Factores de baja prioridad que solo requieren monitoreo.

2. Análisis DAFO

   El análisis DAFO (Debilidades, Amenazas, Fortalezas y Oportunidades) permite visualizar tanto los factores internos como los externos que pueden afectar al negocio. Ayuda a identificar las fortalezas y oportunidades que se pueden potenciar y las debilidades y amenazas que requieren un plan de acción.

3. Planes de contingencia

   Los planes de contingencia son una herramienta clave para la mitigación de riesgos, ya que describen los pasos específicos a seguir en caso de que ocurra un evento adverso. Esto asegura que el negocio esté preparado para responder rápidamente y minimizar el impacto.

- **Ejemplo práctico:** Análisis de riesgos y oportunidades para un negocio de suscripción de alimentos saludables

1. Identificación de riesgos:

   ⇨ **Riesgo de mercado:** Alta competencia de otros servicios de suscripción de alimentos.

- ⇨ **Riesgo financiero:** Falta de flujo de caja si no se alcanzan los ingresos proyectados en los primeros meses.
- ⇨ **Riesgo tecnológico:** Problemas de la plataforma de pedidos en línea.
- ⇨ **Riesgo logístico:** Retrasos en la entrega que puedan afectar la experiencia del cliente.

2. Identificación de oportunidades:
    - ⇨ **Tendencia de mercado:** Creciente interés en alimentos saludables y sostenibles.
    - ⇨ **Expansión de mercado:** La oportunidad de ofrecer el servicio en áreas con menor acceso a alimentos frescos.
    - ⇨ **Tecnología:** Implementar un sistema de recomendaciones personalizadas basado en las preferencias de los clientes.
3. Prioridades y planes de acción:
    - ⇨ **Mitigación del riesgo financiero:** Crear un fondo de contingencia y establecer acuerdos de pago con proveedores para cubrir los primeros meses de operación.
    - ⇨ **Mitigación del riesgo tecnológico:** Contratar un servicio de soporte técnico y tener un sistema de respaldo para evitar caídas en la plataforma de pedidos.
    - ⇨ **Aprovechamiento de la tendencia de mercado:** Incluir opciones de productos ecológicos y comunicar los beneficios de una alimentación saludable en las campañas de marketing.
4. Revisión y actualización del análisis:
5. Establecer revisiones trimestrales para actualizar el análisis de riesgos y oportunidades, ajustando los planes de mitigación y aprovechamiento según la evolución del negocio y del mercado.

Realizar un análisis de riesgos y oportunidades permite a los emprendedores anticiparse a posibles desafíos, estar preparados para enfrentarlos y aprovechar las oportunidades para mejorar su propuesta de valor. Este enfoque proactivo minimiza los riesgos y fortalece la resiliencia y competitividad del negocio en el mercado.

4. El proceso de emprender.

4.1. Etapas del emprendimiento

El proceso de emprender generalmente se divide en una serie de etapas que guían al emprendedor desde la concepción de la idea hasta el crecimiento y consolidación del negocio. Cada fase implica un conjunto de tareas y desafíos específicos, y conocer estas etapas permite planificar mejor el desarrollo del negocio, identificar prioridades y anticiparse a posibles dificultades. A continuación, se explican las principales etapas del proceso emprendedor.

1. Concepción de la idea

   La primera etapa del emprendimiento comienza con la generación de una idea de negocio. Este es el momento en que el emprendedor identifica una oportunidad en el mercado y concibe una solución que podría transformar esa oportunidad en un negocio viable.

   ⇨ Actividades clave:

   - **Brainstorming y generación de ideas:** Reflexionar sobre problemas no resueltos, tendencias de mercado y necesidades insatisfechas.
   - **Análisis de mercado inicial:** Realizar un análisis preliminar para verificar si existe una demanda real por la idea.
   - **Selección y refinamiento de la idea:** Elegir la idea con mayor potencial y pulirla para definir con más precisión su propuesta de valor.

   ⇨ **Consejo:** Para validar la idea, realiza una investigación de mercado inicial que te permita entender mejor las necesidades de los clientes y las oportunidades del mercado.

2. Investigación y planificación

   Una vez que la idea ha sido definida, el siguiente paso es investigar y planificar cómo se llevará a cabo el proyecto. En esta fase, se profundiza en el análisis del mercado y la competencia, y se desarrolla un plan de negocio que servirá de guía para las próximas etapas.

   ⇨ Actividades clave:

   - **Análisis de mercado detallado:** Investigación sobre el mercado objetivo, los competidores y el entorno económico.
   - **Desarrollo del plan de negocio:** Creación de un documento que incluya la descripción del negocio, la estrategia de marketing, el modelo financiero y los objetivos.
   - **Proyección financiera:** Estimación de los costos, ingresos proyectados y flujo de caja para determinar la viabilidad económica.
   - **Definición del modelo de negocio:** Determinar cómo generará ingresos el negocio y cuál será su estructura operativa.

   ⇨ **Consejo:** Un plan de negocio bien estructurado es fundamental para tomar decisiones informadas y para presentar la idea a posibles inversores.

3. Validación de la idea y desarrollo de prototipos

   La validación es una etapa crucial para comprobar que la idea tiene aceptación en el mercado antes de realizar una gran inversión. En esta fase, se suele desarrollar un prototipo o un Producto Mínimo Viable (MVP) que permita a los clientes probar el producto o servicio y proporcionar feedback.

   ⇨ Actividades clave:

   - **Prueba de concepto o MVP:** Crear una versión simplificada del producto o servicio para demostrar su funcionalidad y valor.
   - **Encuestas y entrevistas a clientes potenciales:** Obtener retroalimentación directa de los consumidores para ajustar el producto según sus necesidades.

- **Pruebas de mercado:** Realizar pruebas con un grupo reducido de clientes para evaluar la aceptación y realizar ajustes.

⇨ **Consejo:** La validación permite detectar problemas y ajustar la idea antes de una inversión significativa. Utiliza los comentarios de los usuarios para perfeccionar el producto o servicio.

4. Financiamiento y formalización del negocio

Una vez validada la idea, es momento de obtener los recursos necesarios para llevarla a cabo. Esta etapa implica conseguir financiación, formalizar el negocio y establecer la estructura jurídica y operativa adecuada.

⇨ Actividades clave:

- **Obtención de financiamiento:** Identificar fuentes de financiamiento, como ahorros personales, inversores ángeles, préstamos bancarios o crowdfunding.
- **Registro legal del negocio:** Elegir la estructura legal (empresa unipersonal, sociedad, etc.) y realizar el registro formal en los organismos correspondientes.
- **Aspectos fiscales y legales:** Asegurar que el negocio cumpla con las normativas fiscales, de seguridad y regulaciones locales.

⇨ **Consejo:** Un buen plan de negocio y un producto validado facilitarán el acceso al financiamiento, ya que muestran a los inversores que el proyecto tiene potencial y está bien fundamentado.

5. Lanzamiento y entrada al mercado

La etapa de lanzamiento es el momento en que el producto o servicio se presenta oficialmente al público. Aquí, el objetivo es captar clientes y comenzar a generar ingresos, utilizando estrategias de marketing y ventas para posicionar la marca en el mercado.

⇨ Actividades clave:

- **Estrategia de marketing y promoción:** Diseñar una estrategia de marketing que pueda incluir redes sociales, publicidad digital, eventos de lanzamiento o promociones.

- **Canales de distribución:** Determinar cómo llegará el producto o servicio a los clientes (venta en línea, distribución en tiendas, etc.).
- **Estrategia de ventas:** Crear un proceso de ventas eficiente y establecer métricas de rendimiento para medir el éxito de las estrategias.

⇨ **Consejo:** Define una propuesta de valor clara y asegúrate de que tus canales de comunicación transmitan esa propuesta a los clientes de forma atractiva y consistente.

6. Operaciones y gestión diaria

Una vez que el negocio ha sido lanzado, la gestión diaria de las operaciones se convierte en la prioridad. Esta etapa implica establecer sistemas eficientes para la producción, el control de calidad y la gestión de equipos, con el objetivo de mantener la calidad del servicio y asegurar la satisfacción del cliente.

⇨ Actividades clave:

- **Gestión de operaciones:** Asegurar que las operaciones de producción o prestación del servicio sean eficientes y cumplan con los estándares de calidad.
- **Atención al cliente:** Crear procesos para responder a las inquietudes y sugerencias de los clientes, manteniendo una buena relación con ellos.
- **Optimización de costos:** Monitorear los costos operativos y buscar maneras de reducir gastos sin afectar la calidad del producto o servicio.
- **Gestión de equipos:** Contratar y formar al personal necesario, asegurando que todos comprendan la misión y objetivos del negocio.

⇨ **Consejo:** Implementa herramientas de gestión que te ayuden a optimizar las operaciones, como software de gestión de proyectos, CRM para atención al cliente o sistemas de inventario.

7. Crecimiento y expansión

Cuando el negocio ya está operando de manera estable, la siguiente etapa es planificar el crecimiento y la expansión. Esto puede implicar mejorar el producto, lanzar nuevas líneas de productos o servicios, expandirse a nuevos mercados o buscar alianzas estratégicas.

⇨ Actividades clave:

- **Evaluación del rendimiento:** Analizar los resultados obtenidos, monitorear las métricas de éxito y determinar áreas de mejora.
- **Estrategias de crecimiento:** Definir una estrategia para expandirse, que puede incluir el desarrollo de productos adicionales, la diversificación, la expansión geográfica o el aumento de la inversión en marketing.
- **Alianzas y colaboración:** Explorar alianzas con otras empresas o socios estratégicos que puedan fortalecer la oferta del negocio.
- **Automatización y escalabilidad:** Identificar áreas que se pueden automatizar y optimizar para manejar un volumen de clientes cada vez mayor.

⇨ **Consejo:** El crecimiento debe ser controlado y sostenible. Establece metas de expansión realistas y asegúrate de que tu infraestructura pueda soportar el aumento en la demanda.

8. Consolidación y evaluación continua

Una vez que el negocio ha crecido y se ha establecido en el mercado, la etapa final es la consolidación. Aquí, el enfoque es evaluar el desempeño del negocio y hacer ajustes continuos para mantenerse competitivo, innovador y rentable.

⇨ Actividades clave:

- **Evaluación de metas a largo plazo:** Revisar los objetivos estratégicos y asegurarse de que el negocio está en el camino hacia el cumplimiento de su visión.

- **Innovación continua:** Desarrollar nuevas ideas y productos para mantener la relevancia en el mercado y satisfacer las cambiantes necesidades de los consumidores.
- **Optimización operativa:** Continuar mejorando la eficiencia en los procesos y adaptarse a los cambios en el entorno de negocio.
- **Feedback constante de clientes:** Mantener un canal abierto para recibir feedback de los clientes y ajustar la oferta de acuerdo con sus expectativas.

⇨ **Consejo:** Mantén un enfoque en la mejora continua y evalúa regularmente el rendimiento del negocio para identificar oportunidades de crecimiento y consolidación.

Este recorrido por las etapas del emprendimiento ayuda a estructurar el desarrollo de una idea de negocio de manera ordenada, desde la concepción de la idea hasta su consolidación en el mercado. Al seguir estas fases, los emprendedores pueden reducir el riesgo de fallos, mejorar la planificación y gestionar su crecimiento de manera sostenible y eficaz.

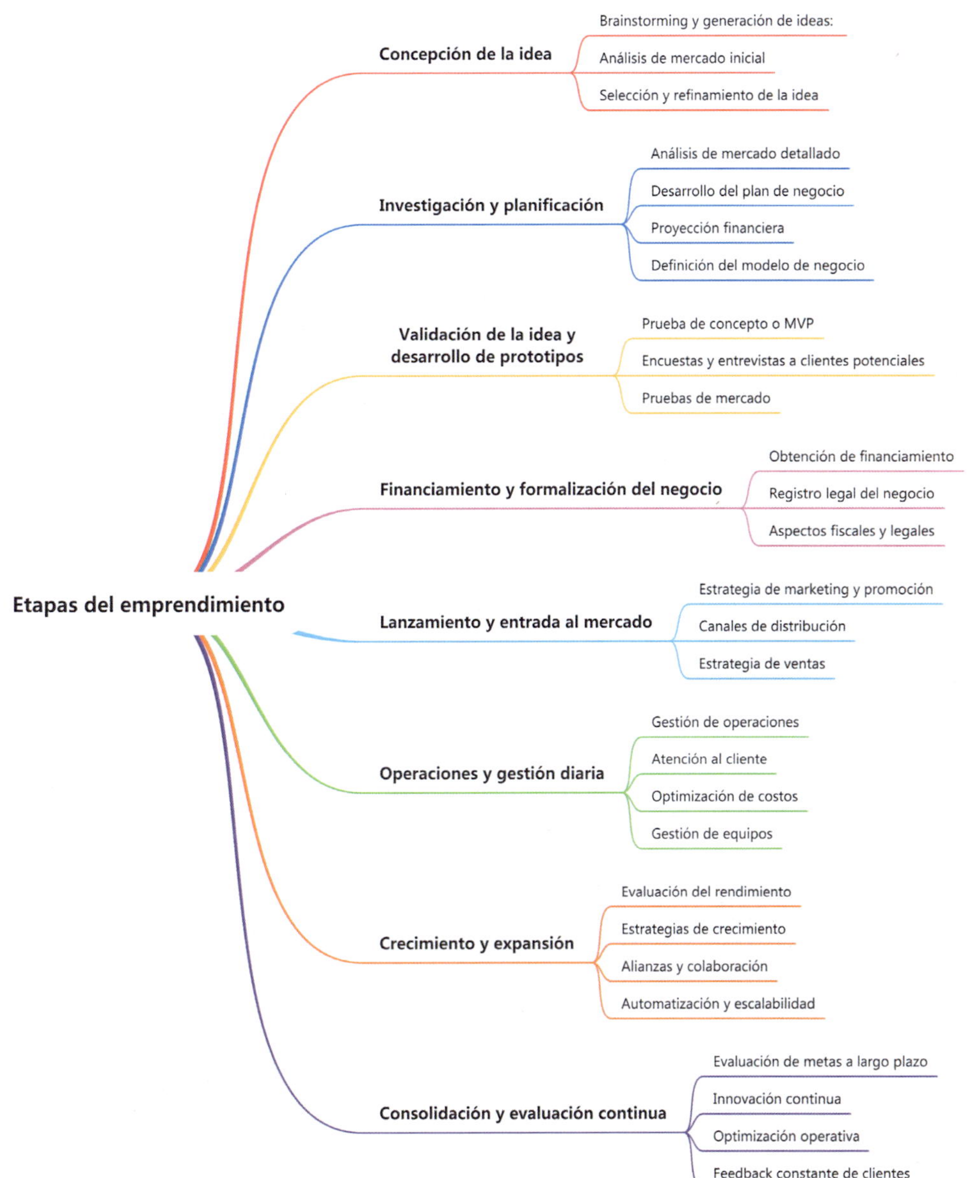
Etapas del emprendimiento
Concepción de la idea
Brainstorming y generación de ideas:
Análisis de mercado inicial
Selección y refinamiento de la idea
Investigación y planificación
Análisis de mercado detallado
Desarrollo del plan de negocio
Proyección financiera
Definición del modelo de negocio
Validación de la idea y desarrollo de prototipos
Prueba de concepto o MVP
Encuestas y entrevistas a clientes potenciales
Pruebas de mercado
Financiamiento y formalización del negocio
Obtención de financiamiento
Registro legal del negocio
Aspectos fiscales y legales
Lanzamiento y entrada al mercado
Estrategia de marketing y promoción
Canales de distribución
Estrategia de ventas
Operaciones y gestión diaria
Gestión de operaciones
Atención al cliente
Optimización de costos
Gestión de equipos
Crecimiento y expansión
Evaluación del rendimiento
Estrategias de crecimiento
Alianzas y colaboración
Automatización y escalabilidad
Consolidación y evaluación continua
Evaluación de metas a largo plazo
Innovación continua
Optimización operativa
Feedback constante de clientes

4.2. Planificación inicial y recursos necesarios

La planificación inicial y la determinación de los recursos necesarios son fundamentales para poner en marcha un negocio de manera eficiente. Antes de lanzar una empresa, es crucial definir y asegurar los recursos humanos, materiales, tecnológicos y financieros que serán necesarios para dar vida a la idea de negocio.

Esta planificación permite al emprendedor tener una visión clara de los elementos indispensables y facilita la organización de cada área del negocio.

1. Recursos humanos

   Los recursos humanos representan el equipo de trabajo que llevará adelante el negocio, incluyendo tanto al emprendedor como a los posibles empleados, colaboradores y asesores.

   - ⇨ **Definición de roles y competencias:** El primer paso es identificar qué roles y habilidades se necesitan para iniciar el negocio. Esto incluye habilidades técnicas, de ventas, marketing, administración, entre otras.

   - ⇨ **Contratación y formación:** Dependiendo de las necesidades del negocio, se puede optar por contratar personal desde el principio o bien externalizar ciertas tareas (por ejemplo, contratar un contador externo o un equipo de diseño).

   - ⇨ **Asesoramiento y mentores:** Asegurarse de contar con asesoramiento en áreas clave, como la contabilidad y los aspectos legales, ayuda a prevenir problemas y aporta experiencia al proceso.

   - ⇨ **Ejemplo práctico:** Un emprendedor que desea abrir una tienda en línea de productos artesanales puede necesitar inicialmente un equipo pequeño que incluya a alguien para gestionar el inventario, otro para el marketing y la atención al cliente, y un asesor en contabilidad.

   - ⇨ **Consejo:** Durante la fase inicial, enfócate en contratar solo al personal esencial y busca colaboradores versátiles que puedan desempeñar múltiples funciones.

2. Recursos materiales

Los recursos materiales abarcan los elementos físicos necesarios para producir o vender el producto o servicio. Estos incluyen desde materias primas hasta equipos y suministros.

- ⇨ **Inventario inicial:** Determina la cantidad de materia prima, productos terminados o componentes necesarios para comenzar, y planifica el inventario en función de la demanda proyectada.

- ⇨ **Equipos y herramientas:** Identifica el equipo necesario para producir y gestionar el negocio, como maquinaria, dispositivos, computadoras, mobiliario y otros insumos.

- ⇨ **Espacio físico:** Evalúa si necesitas un espacio de trabajo (como una oficina o taller) o si tu negocio puede operar de manera remota. El tipo de espacio dependerá del sector; por ejemplo, una cafetería requiere un local físico, mientras que un negocio digital podría funcionar desde casa.

- ⇨ **Ejemplo práctico:** Para una empresa que fabrica productos cosméticos naturales, los recursos materiales pueden incluir ingredientes básicos (como aceites y esencias), envases, equipo de producción (como una mezcladora) y un espacio de almacenamiento.

- ⇨ **Consejo:** Si tienes un presupuesto limitado, considera opciones para reducir costos en los recursos materiales, como el alquiler de equipos o la compra de materiales en cantidades pequeñas hasta que el negocio crezca.

3. Recursos tecnológicos

Los recursos tecnológicos son los sistemas, software y herramientas digitales que ayudan a gestionar el negocio y a ofrecer el producto o servicio de manera eficiente.

- ⇨ **Sitio web o plataforma de ventas:** Si el negocio es en línea, el desarrollo de un sitio web o plataforma de ventas es esencial. Incluye funcionalidades como carrito de compra, pasarela de pago y gestión de inventario.

- ⇨ **Software de gestión:** Dependiendo del tamaño del negocio, se puede necesitar software de contabilidad, gestión de proyectos, inventario y CRM (Customer Relationship Management) para la administración de relaciones con los clientes.
- ⇨ **Herramientas de marketing digital:** Las herramientas de marketing en redes sociales, email marketing y análisis de datos son útiles para promocionar el negocio y analizar el comportamiento del cliente.
- ⇨ **Seguridad digital:** Implementar medidas de seguridad para proteger los datos del negocio y de los clientes es fundamental, especialmente si se maneja información personal o financiera.
- ⇨ **Ejemplo práctico:** Un emprendedor que abre una tienda en línea de ropa puede necesitar una plataforma de e-commerce (como Shopify o WooCommerce), un software de contabilidad y herramientas de marketing en redes sociales como Facebook Ads y Google Analytics.
- ⇨ **Consejo:** Existen muchas herramientas gratuitas o de bajo costo para emprendedores que están comenzando. Evalúa opciones como Google Workspace, Trello y plataformas de e-commerce accesibles para reducir costos iniciales.

4. Recursos financieros

Los recursos financieros son esenciales para cubrir los costos iniciales y sostener el negocio durante los primeros meses, cuando los ingresos pueden ser limitados. Una planificación financiera sólida ayuda a prever necesidades futuras y a asegurar la estabilidad del negocio en su fase de crecimiento.

- ⇨ **Capital inicial:** Determina cuánto dinero necesitas para cubrir los costos de inicio, incluyendo el inventario, los salarios, el marketing, la renta del espacio físico (si es necesario) y otros gastos.
- ⇨ **Presupuesto de operación:** Calcula los gastos operativos mensuales que necesitarás cubrir hasta que el negocio comience a generar ingresos constantes, como el alquiler, los salarios, los suministros y los servicios.

- ⇨ **Fuentes de financiamiento:** Define cómo conseguirás el capital inicial. Las opciones pueden incluir ahorros personales, préstamos bancarios, crowdfunding, inversores ángeles o programas de financiamiento para emprendedores.
- ⇨ **Fondo de contingencia:** Es recomendable tener un fondo de contingencia para cubrir gastos imprevistos o emergencias. Esto ayuda a mantener el negocio operativo en caso de dificultades temporales.
- ⇨ **Ejemplo práctico:** Un emprendedor que abre un café puede calcular los costos de equipo (máquina de café, mobiliario, decoración), el alquiler del local, el inventario inicial (café, leche, ingredientes) y los gastos de marketing iniciales. Luego, puede decidir si necesita obtener un préstamo o buscar socios para financiar el proyecto.
- ⇨ **Consejo:** Proyecta el flujo de caja para los primeros seis meses a un año y mantén un presupuesto detallado para controlar los gastos y optimizar los recursos.

♦ Ejemplo de planificación inicial para una tienda de productos de bienestar

1. Recursos humanos:
   - ⇨ Contratar a un asistente para ayudar con el inventario y el empaque de productos.
   - ⇨ Contar con un experto en marketing digital para promocionar la tienda en línea.
   - ⇨ Consultar con un asesor legal para asegurar el cumplimiento normativo.
2. Recursos materiales:
   - ⇨ Adquirir el inventario inicial de productos de bienestar (aceites esenciales, vitaminas, suplementos).
   - ⇨ Comprar equipo de empaque y materiales (cajas, etiquetas, cintas).
   - ⇨ Arrendar un espacio de almacenamiento pequeño para organizar el inventario.

3. Recursos tecnológicos:

    - ⇨ Crear un sitio web de e-commerce para las ventas en línea.
    - ⇨ Utilizar herramientas de CRM para gestionar la relación con los clientes.
    - ⇨ Implementar software de contabilidad para controlar los gastos e ingresos.

4. Recursos financieros:

    - ⇨ Capital inicial calculado en $10,000 para cubrir el inventario, la creación del sitio web, el marketing y los primeros meses de operación.
    - ⇨ Fondo de contingencia de $2,000 para imprevistos.
    - ⇨ Financiamiento obtenido mediante un préstamo bancario a baja tasa de interés.

La planificación inicial y la determinación de los recursos necesarios permiten al emprendedor tener una visión clara de lo que se requiere para iniciar y sostener el negocio. Esta fase asegura que todos los aspectos básicos estén cubiertos y que el negocio esté preparado para enfrentar los primeros desafíos de manera ordenada y eficiente.

4.3. Estrategias de entrada al mercado

Las estrategias de entrada al mercado son enfoques y métodos que los emprendedores utilizan para introducir su producto o servicio en el mercado de manera efectiva. Una buena estrategia de entrada puede ayudar a captar la atención de los clientes, diferenciarse de la competencia y establecer una base sólida para el crecimiento.

La elección de la estrategia dependerá de factores como el tipo de producto, la naturaleza del mercado, los recursos disponibles y los objetivos del negocio.

A continuación, se describen algunas de las estrategias más comunes para entrar al mercado y se ofrecen consejos sobre cómo implementarlas.

1. Estrategia de penetración en el mercado.

   La estrategia de penetración de mercado se centra en atraer rápidamente a una gran cantidad de clientes mediante precios bajos, promociones o descuentos. El objetivo es captar clientes y generar volumen de ventas para posicionarse como una opción competitiva y atractiva.

   ⇨ Características:

   - Ofrecer precios más bajos que la competencia o promociones atractivas.
   - Captar la atención de los consumidores sensibles al precio.
   - Maximizar la cuota de mercado en un tiempo reducido.

   ⇨ **Ejemplo:** Una nueva tienda de ropa en línea podría lanzar su plataforma con una promoción de 20% de descuento en la primera compra, envío gratuito o descuentos para clientes frecuentes.

   ⇨ **Consejo:** Asegúrate de que los precios promocionales no afecten la rentabilidad a largo plazo. Esta estrategia es ideal para productos con bajo costo de producción o en mercados muy competitivos donde la diferenciación por precio puede ser efectiva.

2. Estrategia de diferenciación

   La estrategia de diferenciación busca posicionar el producto o servicio como único o superior al de la competencia. Esto puede lograrse ofreciendo características especiales, alta calidad, diseño innovador o servicios adicionales que añadan valor y justifiquen un precio más alto.

   ⇨ Características:

   - Resaltar aspectos únicos del producto, como la calidad, el diseño o los beneficios adicionales.
   - Apuntar a un segmento de clientes que valoren la exclusividad o las características diferenciadas.
   - Establecer la marca como una opción premium o innovadora en el mercado.

- ⇨ **Ejemplo:** Un negocio de cosmética orgánica podría diferenciarse ofreciendo productos con ingredientes naturales y sostenibles, empaques ecológicos y una imagen de marca ética y comprometida con el medio ambiente.

- ⇨ **Consejo:** La diferenciación requiere que el producto ofrezca algo auténticamente distintivo. Asegúrate de que las características especiales de tu producto se comuniquen claramente a través de la marca y el marketing.

3. Estrategia de nicho de mercado

Esta estrategia se centra en dirigirse a un segmento específico del mercado con necesidades particulares. En lugar de competir por una cuota de mercado masiva, el negocio se enfoca en un grupo reducido, lo que permite atenderlo de manera más personalizada y satisfacer mejor sus expectativas.

- ⇨ Características:
  - ➤ Enfocarse en un público específico que tiene necesidades o preferencias únicas.
  - ➤ Desarrollar un producto o servicio adaptado a este grupo.
  - ➤ Generar lealtad y retención a través de una relación más cercana con los clientes.

- ⇨ **Ejemplo:** Un negocio que vende alimentos veganos sin gluten para personas con restricciones alimentarias se estaría posicionando en un nicho de mercado, diferenciándose de las opciones de comida rápida o generalista.

- ⇨ **Consejo:** Realiza un estudio detallado del segmento para comprender sus necesidades y expectativas. Al ser un grupo reducido, la relación con los clientes es clave para el éxito y el crecimiento del negocio.

4. Estrategia de entrada gradual (market skimming)

La entrada gradual consiste en lanzar el producto a un precio elevado al principio para captar a los consumidores dispuestos a pagar más, y luego reducir el precio progresivamente para atraer a un mercado más amplio.

Esto permite recuperar la inversión inicial y maximizar los beneficios al comienzo del ciclo de vida del producto.

⇨ Características:

- Establecer un precio inicial alto que disminuye con el tiempo.
- Dirigirse primero a los clientes dispuestos a pagar más por la exclusividad.
- Adaptarse a medida que el producto se vuelve más accesible y conocido.

⇨ **Ejemplo:** En el lanzamiento de un nuevo teléfono móvil, la marca puede fijar un precio alto inicialmente para captar a los clientes interesados en tecnología de última generación, y luego reducir el precio cuando el mercado se amplíe.

⇨ **Consejo:** Esta estrategia es más eficaz en mercados donde la novedad y la innovación son valoradas, y donde existe un grupo de consumidores dispuesto a pagar por productos de alta gama.

5. Estrategia de marketing directo al consumidor

El marketing directo al consumidor permite que los emprendedores lleguen a los clientes sin intermediarios, especialmente en negocios en línea. Esto incluye la venta directa en plataformas de e-commerce, redes sociales, y a través de marketing digital.

⇨ Características:

- Interactuar directamente con el cliente final a través de plataformas digitales.
- Crear una conexión personal con el cliente, ofreciendo una experiencia de compra directa y personalizada.
- Aprovechar herramientas de marketing digital, como redes sociales, campañas de email marketing y publicidad en línea.

- ⇨ **Ejemplo:** Una marca de moda que vende exclusivamente a través de su página web o redes sociales y utiliza contenido en redes para promocionar productos sin necesidad de tiendas físicas.
- ⇨ **Consejo:** Invierte en una presencia en línea sólida y en estrategias de marketing digital efectivas. La relación directa con el consumidor permite un mayor control sobre la experiencia de compra y facilita la recopilación de feedback.

6. Estrategia de alianza estratégica o colaboración

   Una alianza estratégica permite que un negocio se asocie con otra empresa para entrar en el mercado de manera conjunta. Las colaboraciones pueden ayudar a compartir recursos, aumentar la visibilidad y mejorar el alcance del negocio.

   - ⇨ Características:
     - ➤ Trabajar junto a una empresa complementaria o con influencia en el mercado.
     - ➤ Compartir recursos, como clientes, infraestructura o marketing.
     - ➤ Aprovechar la credibilidad y el reconocimiento de la marca aliada.
   - ⇨ **Ejemplo:** Una empresa de productos de fitness podría asociarse con un gimnasio o una aplicación de ejercicios para ofrecer descuentos a los miembros o realizar eventos de promoción conjunta.
   - ⇨ **Consejo:** Busca aliados que compartan valores similares y tengan un público objetivo compatible con el tuyo. Esta estrategia ayuda a reducir costos y aumentar el alcance, especialmente en la fase inicial.

7. Estrategia de “producto exclusivo” o edición limitada

   Esta estrategia crea una sensación de urgencia o exclusividad al ofrecer el producto en cantidades limitadas o por tiempo limitado. La escasez impulsa a los consumidores a actuar más rápido, y esta estrategia puede funcionar bien para productos nuevos y marcas emergentes.

- ⇨ Características:
  - Crear un sentido de urgencia y exclusividad.
  - Limitación del número de unidades o disponibilidad por tiempo definido.
  - Generar una demanda inicial fuerte y fidelizar a los primeros clientes.
- ⇨ **Ejemplo:** Un negocio de moda que lanza una línea de ropa en edición limitada para cada temporada, o una marca de alimentos que ofrece sabores exclusivos solo en ciertas épocas del año.
- ⇨ **Consejo:** Asegúrate de que los clientes perciban que el producto realmente es exclusivo y limitado. La exclusividad debe ser auténtica para generar interés y lealtad en el público.

- ♦ Ejemplo de elección de estrategia de entrada al mercado

  Imaginemos que un emprendedor va a lanzar una línea de productos de cuidado personal veganos y sostenibles. Dependiendo de sus objetivos, podría considerar las siguientes estrategias de entrada:

1. **Estrategia de diferenciación:** Posicionar los productos como exclusivos y sostenibles, destacando los ingredientes naturales y el compromiso ecológico.
2. **Estrategia de nicho de mercado:** Dirigirse a consumidores conscientes del medio ambiente que prefieren productos veganos y ecológicos.
3. **Estrategia de marketing directo al consumidor:** Crear una tienda en línea y promocionar los productos a través de redes sociales, publicando contenido sobre el impacto ambiental positivo de la marca.

Al elegir y aplicar una estrategia de entrada al mercado adecuada, los emprendedores pueden captar la atención de los consumidores de manera efectiva y posicionarse en el mercado con éxito. Una estrategia bien planificada ayuda a construir una base de clientes sólida y aumenta las probabilidades de crecimiento y sostenibilidad a largo plazo.

4.4. Adaptabilidad y resiliencia

La adaptabilidad y la resiliencia son dos cualidades fundamentales para cualquier emprendedor. En el camino del emprendimiento, los cambios y desafíos son inevitables: el mercado evoluciona, las preferencias de los clientes varían y, en ocasiones, surgen dificultades imprevistas. La capacidad de adaptarse a estos cambios y de superar obstáculos sin perder el enfoque es clave para mantener el negocio en crecimiento y para sobrevivir a los momentos difíciles.

A continuación, se describen estos conceptos y se exploran estrategias para desarrollar la adaptabilidad y la resiliencia en el proceso emprendedor.

- ¿Qué es la adaptabilidad?

  La adaptabilidad es la capacidad de ajustarse a nuevas condiciones y de responder de manera flexible a los cambios. Un emprendedor adaptable está dispuesto a ajustar su enfoque, estrategia o modelo de negocio en función de las nuevas oportunidades o desafíos que puedan surgir.

  - Características de la adaptabilidad en un emprendedor:

    - **Apertura al cambio:** Ser receptivo a nuevas ideas y cambios en el entorno.
    - **Aprendizaje continuo:** Mantenerse al día con las tendencias del mercado, las innovaciones tecnológicas y las nuevas habilidades necesarias para mejorar el negocio.
    - **Capacidad para pivotar:** Estar preparado para modificar aspectos importantes del negocio, como el modelo de negocio o el público objetivo, cuando la situación lo requiera.

  - **Ejemplo de adaptabilidad:** Durante la pandemia de COVID-19, muchos negocios físicos se adaptaron rápidamente al entorno digital, estableciendo tiendas en línea, opciones de entrega a domicilio o incluso cambiando su enfoque de producto para satisfacer las nuevas demandas del mercado, como la venta de productos sanitarios o educativos.

- ⇨ **Consejo:** Practica la adaptabilidad realizando evaluaciones periódicas de tu negocio y del mercado. Identifica nuevas tendencias y oportunidades, y considera si es necesario ajustar tus estrategias para mantener la relevancia y satisfacer las necesidades cambiantes de los clientes.

♦ ¿Qué es la resiliencia?

La resiliencia es la capacidad de enfrentar y superar adversidades, aprendiendo de cada experiencia y recuperándose de las dificultades.

La resiliencia permite al emprendedor mantener una actitud positiva y continuar adelante, incluso cuando surgen desafíos o fracasos temporales.

- ⇨ Características de la resiliencia en un emprendedor:
  - **Persistencia:** No abandonar ante los fracasos o dificultades, sino verlos como oportunidades de aprendizaje.
  - **Gestión emocional:** Controlar el estrés, la frustración y otras emociones negativas para mantener el enfoque en los objetivos.
  - **Adaptación al fracaso:** Ver el fracaso no como el fin, sino como una lección valiosa para hacer ajustes y mejorar en el siguiente intento.
- ⇨ **Ejemplo de resiliencia:** Thomas Edison es un ejemplo clásico de resiliencia en el ámbito de la innovación. Aunque experimentó miles de fallos al desarrollar la bombilla, su actitud persistente y su disposición a aprender de cada error finalmente lo llevaron al éxito.
- ⇨ **Consejo:** Cultiva la resiliencia celebrando pequeños logros y aprendiendo de cada experiencia. Reconoce los logros alcanzados y busca siempre lecciones que te permitan crecer a partir de los desafíos.

♦ Estrategias para desarrollar la adaptabilidad y la resiliencia en el emprendimiento

1. Mantener una mentalidad de crecimiento

   La mentalidad de crecimiento es la creencia de que las habilidades y el talento pueden desarrollarse mediante el esfuerzo y el aprendizaje. Adoptar esta mentalidad ayuda a ver cada desafío como una oportunidad para mejorar y a aceptar el cambio con una actitud positiva.

   ⇨ **Consejo:** En lugar de evitar situaciones difíciles, véalas como oportunidades para aprender y desarrollarte. Practica la autocrítica constructiva y el aprendizaje de experiencias pasadas.

2. Fomentar la flexibilidad en la estrategia

   Establecer metas claras es importante, pero también lo es mantener la flexibilidad para ajustarlas según sea necesario. La rigidez puede llevar a la pérdida de oportunidades; en cambio, la flexibilidad permite aprovechar situaciones nuevas.

   ⇨ **Consejo:** Revisa periódicamente los objetivos y estrategias de tu negocio. Evalúa si las condiciones actuales requieren ajustes o incluso un cambio de dirección (pivotar) para maximizar las oportunidades.

3. Desarrollar habilidades de resolución de problemas

   La capacidad para resolver problemas de manera rápida y eficaz es fundamental para superar obstáculos y adaptarse a situaciones difíciles. Las habilidades de resolución de problemas te permiten analizar la situación, encontrar soluciones viables y tomar decisiones informadas.

   ⇨ **Consejo:** Cuando enfrentes un problema, analiza las causas, genera varias soluciones y evalúa cuál es la más práctica en el contexto actual. No te quedes con la primera idea; explora todas las posibilidades.

4. Establecer una red de apoyo

   Contar con una red de apoyo es fundamental para afrontar momentos difíciles. Esta red puede incluir mentores, colegas, familiares, otros emprendedores o profesionales en tu campo. Estas personas pueden ofrecerte perspectivas útiles, compartir experiencias similares y brindarte apoyo emocional.

- ⇨ **Consejo:** Únete a comunidades de emprendedores, participa en eventos de networking y mantén contacto con personas de confianza. Compartir experiencias y buscar consejo en momentos de dificultad puede ayudarte a ver los problemas desde otra perspectiva y a encontrar soluciones.

5. Practicar la gestión emocional

   La gestión emocional es la capacidad de identificar y regular las emociones en situaciones difíciles. En el emprendimiento, es normal sentir estrés, ansiedad o frustración, pero la clave está en aprender a manejar estas emociones sin que interfieran en la toma de decisiones.

   - ⇨ **Consejo:** Practica técnicas de relajación y mindfulness para reducir el estrés. Establece un equilibrio entre la vida personal y profesional para evitar el agotamiento y poder enfrentar los desafíos con una mentalidad clara.

6. Tomarse el fracaso como aprendizaje

   En lugar de ver el fracaso como un final, es útil considerarlo como una lección que aporta información valiosa para el futuro. La resiliencia se fortalece cuando aprendemos a aceptar el fracaso, analizarlo y mejorar a partir de él.

   - ⇨ **Consejo:** Después de una experiencia negativa, tómate un tiempo para analizarla. Pregúntate qué salió mal, qué podrías hacer de forma diferente y cómo puedes aplicar este aprendizaje en el futuro. Este enfoque transforma los errores en oportunidades de crecimiento.

7. Monitoreo constante y adaptación proactiva

   La adaptabilidad requiere estar al tanto de los cambios en el mercado y en el entorno de negocios. La vigilancia constante permite anticiparse a posibles cambios, adaptarse rápidamente y encontrar nuevas oportunidades.

   - ⇨ **Consejo:** Realiza un análisis periódico del mercado y de los factores externos que puedan afectar tu negocio, como cambios económicos, tecnológicos o de comportamiento del consumidor. Mantente flexible para ajustar tus productos, servicios y estrategias en respuesta a estos cambios.

- Ejemplo práctico de adaptabilidad y resiliencia en el emprendimiento

  Imaginemos un emprendedor que lanza una cafetería en una zona de oficinas. Poco después de la apertura, la demanda baja drásticamente debido a que muchas personas comienzan a trabajar desde casa.

  - **Adaptabilidad:** El emprendedor decide ajustar su modelo de negocio y ofrecer servicio de entrega de café y snacks a domicilio. Además, empieza a vender productos como café en grano y kits de preparación para atraer a los clientes que trabajan desde casa.

  - **Resiliencia:** A pesar de las bajas ventas iniciales, el emprendedor mantiene una actitud positiva y decide utilizar el tiempo para mejorar sus estrategias de marketing digital, aprender sobre el comercio electrónico y establecer alianzas con servicios de entrega. En lugar de abandonar, se adapta y encuentra nuevas formas de llegar a sus clientes.

Desarrollar adaptabilidad y resiliencia no solo permite a los emprendedores enfrentar las dificultades y adaptarse al cambio, sino que también fortalece la capacidad del negocio para crecer y prosperar en entornos variables. Estas habilidades, junto con una mentalidad abierta al aprendizaje y al cambio, son esenciales para construir un emprendimiento sólido y duradero.

Resumen

El tema de “El emprendedor, la idea y el proceso de emprender” aborda los fundamentos clave para quienes desean iniciar un negocio, centrándose en las cualidades necesarias, las estrategias para generar ideas y validarlas, así como las etapas del emprendimiento.

Primero, se describe al emprendedor como alguien con características destacadas, como resiliencia, creatividad, visión, capacidad para asumir riesgos y adaptabilidad. Estas cualidades son esenciales para navegar los desafíos del mercado y convertir las ideas en realidades sostenibles. También se analizan los distintos tipos de emprendedores, desde los innovadores, que buscan transformar industrias, hasta los sociales, que priorizan el impacto en la comunidad. Las motivaciones para emprender incluyen el deseo de independencia, la pasión por una idea o la necesidad económica, aunque también se reconocen barreras comunes, como el miedo al fracaso o la falta de financiamiento.

En la generación de ideas, el contenido subraya la importancia de observar el entorno y detectar necesidades insatisfechas. Técnicas como el brainstorming y el benchmarking ayudan a estructurar estas ideas, mientras que el análisis de tendencias y la identificación de nichos permiten encontrar espacios específicos en el mercado con potencial de éxito. Sin embargo, no basta con tener una buena idea; es crucial validarla. Para esto, se sugieren herramientas como encuestas, entrevistas y el desarrollo de productos mínimos viables (MVP), que permiten probar el concepto con clientes potenciales y ajustar la propuesta según sus necesidades.

El proceso de emprender se describe como un camino estructurado que comienza con la concepción de la idea y avanza a través de etapas como la planificación, la validación, el financiamiento y el lanzamiento. En cada fase, se requiere una planificación cuidadosa de los recursos humanos, materiales, tecnológicos y financieros. Además, se detallan estrategias de entrada al mercado, como la diferenciación, la penetración con precios bajos o el enfoque en nichos específicos, que permiten posicionar el negocio de manera efectiva.

Finalmente, se resalta la importancia de la adaptabilidad y la resiliencia. Emprender implica enfrentarse a cambios constantes y superar obstáculos. La capacidad de ajustarse a las circunstancias y aprender de los fracasos se considera fundamental para mantener la competitividad y asegurar el crecimiento sostenible del negocio. Este contenido ofrece una guía práctica para quienes deseen convertir una idea en una empresa sólida, combinando estrategias técnicas con el desarrollo de habilidades personales clave.

UNIDAD

1.2. El Plan de Empresa

Contenido de la Unidad

- Descripción del negocio.
- Análisis del entorno.
- Análisis de la empresa y el emprendedor.
- DAFO
- Estrategias y objetivos.
- Plan de actuación: Plan de marketing. Plan de operaciones. Plan jurídico-fiscal. Plan de Recursos Humanos. Plan económico-financiero
- Calendario para el emprendedor.
- Resumen

ICB
EDITORES

1. DESCRIPCIÓN DEL NEGOCIO.

1.1. Definición del negocio

La definición del negocio es el primer paso fundamental en la elaboración del plan de empresa. Se trata de proporcionar una descripción clara y concisa del propósito del negocio, de los productos o servicios que ofrecerá y del valor único que aportará al mercado. Esta sección ayuda a establecer la identidad del negocio, su razón de ser y su enfoque estratégico, permitiendo a los emprendedores y a los posibles inversores comprender en qué consiste la empresa y qué problemas resolverá.

♦ Elementos clave para una definición del negocio

1. Propósito del negocio

   El propósito del negocio debe responder a preguntas como: ¿Por qué existe este negocio? ¿Qué necesidad o problema busca resolver en el mercado? Una declaración de propósito sólida y bien definida sirve como base para todas las decisiones empresariales y ayuda a alinear las estrategias con los objetivos principales.

   ⇨ **Ejemplo:** El propósito de una empresa de productos de limpieza ecológicos podría ser "reducir el impacto ambiental de la limpieza del hogar proporcionando alternativas sostenibles y efectivas a los productos tradicionales."

   ⇨ **Consejo:** Define el propósito de tu negocio en una o dos frases que reflejen el impacto que quieres generar en el mercado o en la sociedad. Mantén el enfoque en el valor que aportas y la misión de la empresa.

2. Productos o servicios

   En esta sección, describe los productos o servicios específicos que el negocio ofrecerá. Explica en qué consiste cada producto o servicio, sus principales características y cómo estos satisfacen las necesidades del cliente. Detallar los productos o servicios ayuda a proporcionar una imagen clara de la oferta de la empresa.

- ⇨ **Ejemplo:** En el caso de una cafetería artesanal, los productos podrían incluir café de origen, bebidas frías y calientes preparadas en el momento, repostería artesanal y paquetes de café para llevar. Cada uno de estos productos se puede describir con un enfoque en su calidad y en los beneficios para el cliente.
- ⇨ **Consejo:** Si tienes varios productos o servicios, organiza la información en categorías para que sea más fácil de entender. Asegúrate de resaltar las características diferenciadoras de cada uno.

3. Propuesta de valor

La propuesta de valor es el aspecto que diferencia al negocio de sus competidores y que atrae a los clientes. Debe responder a preguntas como: ¿Qué hace único al producto o servicio? ¿Por qué los clientes elegirán este negocio sobre otros? La propuesta de valor es una de las partes más importantes de la definición del negocio, ya que explica el valor único que el negocio aporta al mercado.

- ⇨ **Ejemplo:** La propuesta de valor de una tienda de ropa ética podría ser "ropa sostenible y de alta calidad fabricada con materiales ecológicos y en condiciones de comercio justo, para consumidores que valoran la moda responsable y el impacto positivo en el medio ambiente."
- ⇨ **Consejo:** En la propuesta de valor, enfócate en los beneficios que el cliente obtendrá y en lo que hace que tu negocio sea especial. Es importante que esta propuesta sea clara y relevante para tu mercado objetivo.

4. Segmento de mercado

El segmento de mercado representa a los clientes objetivo a los que va dirigido el negocio. Una descripción clara del público objetivo ayuda a adaptar la oferta y las estrategias de marketing a las necesidades y preferencias de los clientes.

- ⇨ **Ejemplo:** El segmento de mercado de una plataforma de educación en línea enfocada en habilidades digitales podría ser "jóvenes profesionales y emprendedores que buscan mejorar sus conocimientos en áreas como marketing digital, desarrollo web y diseño gráfico."

- ⇨ **Consejo:** Define el perfil de tu cliente ideal. Incluye datos demográficos (edad, género, ubicación), intereses y necesidades específicas. Cuanto más conozcas a tu público, mejor podrás ajustar tu oferta para captar su atención y fidelidad.

5. Misión y visión

   La misión y la visión complementan la definición del negocio y ayudan a darle un sentido más profundo. La misión expresa el propósito del negocio en el presente y cómo contribuye a sus clientes y a la sociedad, mientras que la visión establece los objetivos a largo plazo y hacia dónde se quiere llegar en el futuro.

   - ⇨ **Ejemplo de misión:** "Proporcionar productos de cuidado personal ecológicos y accesibles que permitan a las personas cuidar su salud y el medio ambiente."

   - ⇨ **Ejemplo de visión:** "Ser líder en el mercado de productos sostenibles, contribuyendo a un mundo en el que el consumo responsable sea una práctica común y accesible para todos."

   - ⇨ **Consejo:** La misión y la visión deben ser breves y memorables. La misión debe centrarse en lo que hace el negocio hoy, mientras que la visión debe proyectar el impacto que quieres alcanzar a largo plazo.

♦ **Ejemplo de definición de negocio:** Empresa de servicios de jardinería ecológica

1. **Propósito del negocio:** Proporcionar servicios de jardinería sostenible y amigable con el medio ambiente, que promuevan espacios verdes saludables y la biodiversidad en entornos urbanos.

2. **Productos o servicios:**

   - ⇨ **Mantenimiento de jardines:** Servicios de poda, riego y fertilización ecológica sin el uso de pesticidas o productos químicos dañinos.

   - ⇨ **Diseño de jardines sostenibles:** Creación de jardines con plantas nativas y sistemas de riego eficientes.

- ⇨ **Asesoramiento en compostaje y cultivo urbano:** Educación para los clientes sobre cómo utilizar compost y cómo cultivar alimentos en espacios pequeños.

3. **Propuesta de valor:** Jardinería ecológica que no solo embellece el entorno, sino que también protege la salud de las personas y el medio ambiente, permitiendo a los clientes disfrutar de espacios verdes sin impacto negativo en el ecosistema.

4. **Segmento de mercado:** Hogares y empresas en áreas urbanas que desean implementar prácticas sostenibles y respetuosas con el medio ambiente en sus jardines y espacios verdes.

5. **Misión y visión:**

   - ⇨ **Misión:** Fomentar la creación de espacios verdes sostenibles que contribuyan a la biodiversidad y a la salud ambiental en comunidades urbanas.

   - ⇨ **Visión:** Ser la empresa de jardinería ecológica de referencia en el país, promoviendo prácticas de cuidado ambiental en todas las ciudades y comunidades.

La definición del negocio es una parte fundamental del plan de empresa, ya que establece la base de lo que el negocio representa, su propuesta de valor única y a quién está dirigido. Una definición clara ayuda a enfocar la estrategia de la empresa y facilita que inversores, socios y clientes comprendan el propósito y el impacto del negocio en el mercado.

1.2. Misión y visión empresarial

Los enunciados de misión y visión son elementos fundamentales para definir la identidad de un negocio y guiar su crecimiento y desarrollo a largo plazo. La misión describe el propósito actual de la empresa y su contribución a los clientes y a la sociedad, mientras que la visión proyecta los objetivos y la dirección futura del negocio. Crear enunciados claros y efectivos de misión y visión proporciona a los emprendedores y a su equipo un sentido de propósito y enfoque, facilitando la toma de decisiones estratégicas y el establecimiento de objetivos.

- ¿Qué es la misión empresarial?

  La misión empresarial define el propósito fundamental de la empresa, describiendo lo que hace actualmente y cómo contribuye a satisfacer una necesidad del mercado o de la sociedad. Es una declaración breve que expresa los valores y la propuesta de valor del negocio en el presente.

  - **Características de una misión efectiva:**
    - **Clara y concisa:** La misión debe ser fácil de entender y recordar, evitando explicaciones largas o complejas.
    - **Enfocada en el presente:** Describe lo que la empresa hace ahora para cumplir con su propósito.
    - **Dirigida al cliente:** La misión debe estar alineada con las necesidades y expectativas de los clientes.
    - **Refleja valores y propósito:** La misión debe comunicar el valor que la empresa aporta al mercado o a la sociedad.
  - **Ejemplos de enunciados de misión:**
    - **Starbucks:** "Inspirar y nutrir el espíritu humano: una persona, una taza y una comunidad a la vez."
    - **Patagonia:** "Construir el mejor producto, causar el menor daño posible y utilizar el negocio para inspirar y ejecutar soluciones a la crisis ambiental."
    - **Google:** "Organizar la información del mundo y hacerla universalmente accesible y útil."
  - **Consejo para crear la misión:** Pregúntate: ¿Qué problema resuelve mi negocio? ¿Cómo ayuda a los clientes? ¿Qué valores representan mi empresa y mi producto? Mantén el enunciado en una o dos frases que capten la esencia del propósito del negocio.

- ¿Qué es la visión empresarial?

  La visión empresarial es una declaración sobre el futuro de la empresa y el impacto que desea alcanzar a largo plazo. Es una proyección ambiciosa y positiva de hacia dónde se dirige la empresa y de lo que aspira lograr en el futuro.

- **Características de una visión efectiva:**

  - **Inspiradora:** La visión debe ser ambiciosa y motivar tanto a los empleados como a los clientes.

  - **Dirigida al futuro:** Describe lo que la empresa espera lograr en el largo plazo, usualmente de cinco a diez años.

  - **Relevante y alcanzable:** Aunque debe ser aspiracional, la visión también debe ser realista y estar alineada con las capacidades y los recursos de la empresa.

- **Ejemplos de enunciados de visión:**

  - **Microsoft:** “Ayudar a las personas y empresas de todo el mundo a desarrollar todo su potencial.”

  - **Tesla:** “Acelerar la transición del mundo hacia la energía sostenible.”

  - **IKEA:** “Crear un mejor día a día para la mayoría de las personas.”

- **Consejo para crear la visión:** Pregúntate: ¿Dónde quiero que esté mi empresa en el futuro? ¿Qué impacto deseo tener en el mercado o en la sociedad? ¿Qué metas aspiracionales persigue el negocio? Usa un lenguaje positivo y ambicioso que inspire a tu equipo y a tus clientes.

♦ Pasos para crear enunciados de misión y visión

1. Reflexiona sobre el propósito de tu empresa

   Antes de escribir la misión y la visión, reflexiona sobre el propósito del negocio. Considera las necesidades de los clientes, los problemas que tu producto o servicio ayuda a resolver, y los valores fundamentales que deseas representar.

   - **Ejemplo:** Si tu negocio se centra en moda sostenible, tu propósito puede estar relacionado con ofrecer alternativas de ropa amigables con el medio ambiente y con condiciones laborales justas.

2. Identifica los valores principales

   Los valores de la empresa son principios fundamentales que guían las decisiones y el comportamiento de la organización. Estos valores deben reflejarse en la misión y la visión, ya que forman parte de la identidad del negocio.

   ⇨ **Ejemplo de valores:** Calidad, sostenibilidad, transparencia, innovación, responsabilidad social.

3. Define el impacto actual y futuro

   Piensa en lo que tu empresa hace actualmente (misión) y en lo que deseas que logre en el futuro (visión). La misión debe describir cómo el negocio ayuda a los clientes hoy en día, mientras que la visión debe proyectar la contribución que aspiras a hacer en los próximos años.

   ⇨ **Ejemplo de misión:** "Ofrecer ropa y accesorios sostenibles y de alta calidad para aquellos que buscan una alternativa ética y responsable en el mundo de la moda."

   ⇨ **Ejemplo de visión:** "Convertirnos en la marca líder de moda sostenible a nivel mundial, promoviendo una industria ética y respetuosa con el medio ambiente."

4. Involucra a tu equipo en el proceso

   Crear la misión y la visión de manera colaborativa puede aportar nuevas perspectivas y fortalecer el compromiso de los empleados. Involucra a tus colaboradores clave en el proceso para asegurarte de que la misión y la visión sean representativas y auténticas.

   ⇨ **Consejo:** Realiza una sesión de brainstorming con el equipo, donde puedan compartir sus ideas sobre el propósito y las aspiraciones de la empresa. Esto también ayuda a alinear a todos en torno a los objetivos comunes.

5. Redacta y refina los enunciados

   Una vez que tienes claro el propósito, los valores y los objetivos de la empresa, redacta los enunciados de misión y visión. Mantén la misión enfocada en el presente y la visión en el futuro. Revisa y ajusta los enunciados para que sean claros, inspiradores y fáciles de recordar.

⇨ **Ejemplo de enunciado final:**

- **Misión:** "Inspirar a las personas a llevar un estilo de vida sostenible, ofreciendo productos de moda ecológicos que respeten el medio ambiente y promuevan el bienestar social."
- **Visión:** "Liderar la transformación de la industria de la moda hacia un modelo de negocio circular y sostenible, donde cada prenda tenga un impacto positivo en las personas y en el planeta."

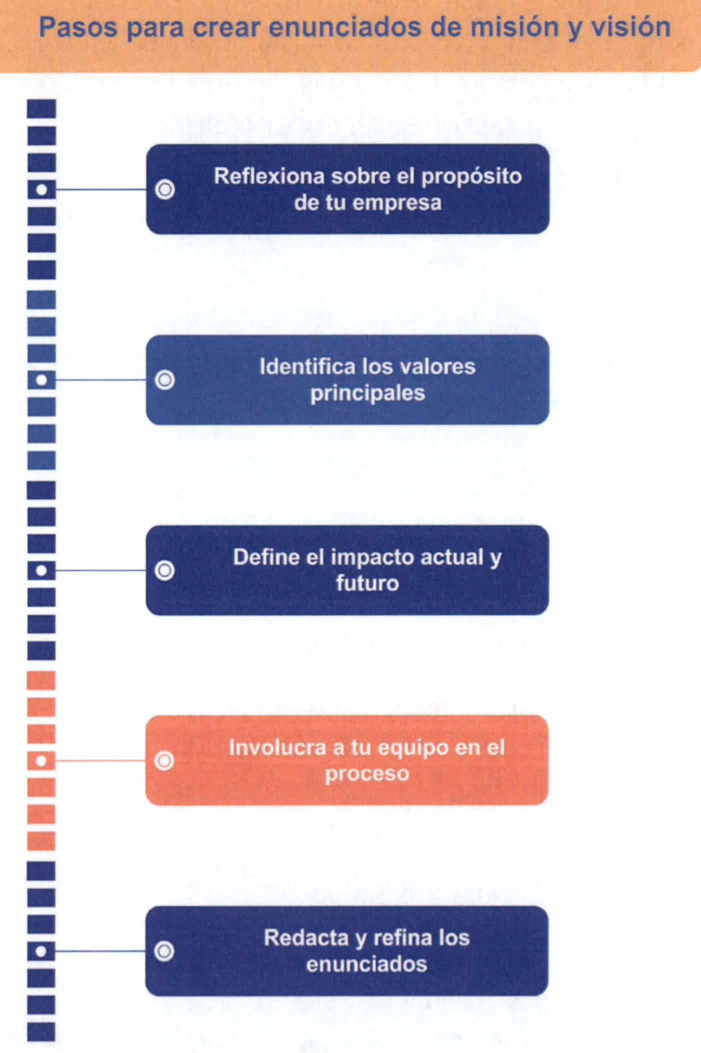

- Ejemplo práctico de misión y visión para una empresa de alimentación saludable

1. **Misión:** "Ofrecer alimentos frescos, saludables y de alta calidad, que promuevan el bienestar y ayuden a nuestros clientes a llevar una vida equilibrada y llena de energía."
2. **Visión:** "Ser la principal marca de alimentos saludables y sostenibles en América Latina, liderando el cambio hacia una alimentación responsable y accesible para todos."

Crear enunciados de misión y visión claros, inspiradores y bien definidos ayuda a establecer una dirección para el negocio y proporciona un marco que guiará el desarrollo y crecimiento de la empresa. Estos enunciados son fundamentales para alinear las estrategias con los objetivos a largo plazo y para comunicar a los clientes y al equipo el propósito y el impacto que la empresa desea alcanzar.

1.3. Valor diferencial

El valor diferencial, también conocido como propuesta única de valor (PUV), es el conjunto de características y beneficios que hacen que un negocio sea único y lo diferencien de la competencia. La propuesta de valor responde a la pregunta: ¿por qué los clientes deberían elegir este producto o servicio en lugar de los de la competencia? Una propuesta de valor clara y efectiva ayuda a posicionar el negocio en el mercado, atraer a los clientes adecuados y construir una identidad distintiva que favorezca el crecimiento a largo plazo.

- ¿Qué es el valor diferencial?

  El valor diferencial es el aspecto que distingue a un negocio y que aporta un beneficio único para los clientes. Este valor puede estar relacionado con la calidad, el precio, el servicio al cliente, la innovación, la sostenibilidad, o cualquier otro atributo que añada valor en el mercado.

  - **Características de un valor diferencial efectivo:**
    - **Único:** La propuesta debe ser auténticamente distintiva y no replicable fácilmente por la competencia.

- **Relevante para el cliente:** El valor diferencial debe enfocarse en satisfacer una necesidad o deseo específico del cliente.
- **Fácil de comunicar:** Debe ser simple y claro para que el cliente entienda rápidamente en qué se diferencia el negocio.
- **Sostenible:** Idealmente, el valor diferencial debe poder mantenerse a largo plazo y evolucionar con las tendencias del mercado.

⇨ **Ejemplo:** La propuesta de valor de una empresa de agua embotellada puede ser su compromiso con el medio ambiente, usando envases 100% reciclables y apoyando iniciativas de reforestación. Esto le permitiría destacarse en un mercado saturado de opciones de agua embotellada.

♦ Cómo identificar el valor diferencial de tu negocio

1. Analizar las necesidades y deseos de los clientes

La propuesta de valor debe basarse en las necesidades y preferencias de los clientes objetivo. Investiga qué valoran más los clientes en tu mercado: puede ser el precio, la calidad, la personalización, la rapidez o la sostenibilidad, entre otros aspectos.

⇨ **Ejemplo:** Si estás lanzando una línea de cosméticos, podrías identificar que muchos consumidores valoran productos libres de químicos, con ingredientes naturales y empaques sostenibles.

2. Estudiar la competencia

Observa a tus competidores directos e indirectos para comprender qué ofrecen y cómo se posicionan en el mercado. Analiza sus fortalezas y debilidades, y busca áreas en las que puedas destacar ofreciendo algo que ellos no tengan o mejorando un aspecto de su oferta.

⇨ **Ejemplo:** Si todos los competidores en el mercado de comida rápida están enfocados en la velocidad, podrías diferenciarte ofreciendo opciones de comida rápida saludable con ingredientes frescos y de alta calidad.

3. Destacar las fortalezas del negocio

   Identifica las fortalezas de tu negocio que puedas convertir en un valor diferencial. Puede tratarse de habilidades específicas, experiencia en el sector, acceso a recursos únicos, una tecnología innovadora o un equipo altamente capacitado.

   ⇨ **Ejemplo:** Si tu empresa tiene una sólida experiencia en el diseño personalizado de muebles, podrías diferenciarte ofreciendo muebles a medida, adaptados a los gustos y necesidades específicas de cada cliente.

4. Determinar el beneficio específico para el cliente

   La propuesta de valor debe enfocarse en el beneficio específico que el cliente obtendrá al elegir tu producto o servicio. Este beneficio puede incluir ahorros, comodidad, eficiencia, mejor salud, bienestar o una experiencia memorable.

   ⇨ **Ejemplo:** Una empresa de servicios financieros podría enfocarse en la comodidad y transparencia, ofreciendo una plataforma digital donde los clientes puedan gestionar todas sus cuentas y recibir asesoría financiera en tiempo real.

5. Formular una propuesta de valor clara y convincente

   Una vez que has identificado los elementos que hacen que tu negocio sea único, es importante formular la propuesta de valor de forma clara y atractiva. Esta propuesta debe explicar de manera directa qué hace diferente a tu negocio y cómo beneficia a los clientes.

   ⇨ **Ejemplo:** La propuesta de valor de una tienda de moda sostenible podría ser "Ropa de moda, fabricada éticamente y diseñada para durar. Porque creemos en un estilo responsable que se vea bien y haga el bien."

♦ Ejemplo de valor diferencial para diferentes tipos de negocio

1. Restaurante vegano

⇨ **Valor diferencial:** Ingredientes orgánicos y locales, platos inspirados en diferentes culturas, y un compromiso con la sostenibilidad a través del compostaje y el uso de utensilios biodegradables.

⇨ **Propuesta de valor:** "Experiencias gastronómicas veganas que celebran la diversidad culinaria y respetan el planeta. Ingredientes frescos, locales y sostenibles, para un futuro más verde."

2. Servicio de entregas rápidas

⇨ **Valor diferencial:** Entrega en menos de 30 minutos en áreas urbanas, con seguimiento en tiempo real y opciones de entrega sostenible en bicicletas eléctricas.

⇨ **Propuesta de valor:** "Entregas ultrarrápidas y sostenibles, cuando y donde las necesitas. Comprometidos con tu tiempo y con el medio ambiente."

3. Consultoría de marketing para pequeñas empresas

⇨ **Valor diferencial:** Soluciones personalizadas y asequibles, diseñadas específicamente para las necesidades y presupuesto de pequeñas empresas.

⇨ **Propuesta de valor:** "Consultoría de marketing diseñada para el éxito de las pequeñas empresas. Estrategias personalizadas, asequibles y enfocadas en maximizar tu potencial de crecimiento."

♦ Consejos para comunicar y utilizar el valor diferencial en el negocio

1. Comunica el valor diferencial en todos los puntos de contacto

La propuesta de valor debe ser una parte central de la estrategia de marketing y comunicación de la empresa. Inclúyela en el sitio web, redes sociales, presentaciones de ventas, empaques, y en cualquier otro punto de contacto con el cliente.

⇨ **Ejemplo:** Si tu propuesta de valor es "cosméticos naturales y seguros", asegúrate de que el sitio web, el etiquetado de productos y las redes sociales resalten este aspecto y expliquen los beneficios para el cliente.

2. Capacita al equipo en el valor diferencial

   Todos en el negocio deben entender y poder comunicar el valor diferencial. Esto es especialmente importante para el equipo de ventas y de atención al cliente, quienes son los principales representantes de la propuesta de valor ante los clientes.

   ⇨ **Consejo:** Organiza una capacitación para que el equipo comprenda en profundidad la propuesta de valor y pueda comunicarla de manera coherente y convincente.

3. Adapta la propuesta de valor a las necesidades cambiantes

   Las necesidades del mercado pueden cambiar, por lo que es importante revisar y ajustar el valor diferencial según sea necesario. Mantente atento a las nuevas tendencias, cambios en las expectativas de los clientes y avances tecnológicos que puedan afectar tu propuesta de valor.

   ⇨ **Consejo:** Realiza encuestas periódicas a los clientes y monitorea el mercado para ajustar la propuesta de valor y asegurarte de que sigue siendo relevante y competitiva.

4. Incorpora la propuesta de valor en la experiencia del cliente

   Más allá de comunicar la propuesta de valor, es importante hacer que los clientes la experimenten directamente. Asegúrate de que el valor diferencial se refleje en cada interacción con el cliente, desde el diseño del producto hasta el servicio de postventa.

   ⇨ **Ejemplo:** Si el valor diferencial de tu negocio es la personalización, permite que los clientes personalicen ciertos aspectos de su experiencia, como el diseño del producto o el servicio de atención.

♦ Ejemplo de propuesta de valor para una empresa de tecnología educativa

1. **Valor diferencial:** Una plataforma de aprendizaje en línea que ofrece cursos interactivos con inteligencia artificial para personalizar el aprendizaje de cada estudiante, adaptándose a su ritmo y estilo.

2. **Propuesta de valor:** "Aprendizaje personalizado y accesible, impulsado por la tecnología de inteligencia artificial. Desarrolla tus habilidades a tu propio ritmo, con el apoyo de una plataforma diseñada para maximizar tu potencial."

La identificación y comunicación de un valor diferencial claro y efectivo permite que el negocio se posicione de forma atractiva y competitiva en el mercado. Esta propuesta única de valor ayuda a captar la atención de los clientes ideales y a construir una base sólida para el crecimiento y la fidelización a largo plazo.

1.4. Ejemplos prácticos

La descripción del negocio y su propuesta de valor son fundamentales para definir lo que hace única a una empresa y por qué los clientes deberían elegirla. A continuación, se presentan ejemplos de empresas reconocidas que destacan en el mercado y que han logrado transmitir su propuesta de valor de manera efectiva. Estos ejemplos ilustran cómo una buena descripción de negocio puede reflejar claramente el propósito, los productos o servicios y el valor diferencial de la empresa.

1. Patagonia - Ropa y equipo para actividades al aire libre

   Descripción del negocio: Patagonia es una empresa de ropa y equipo para actividades al aire libre comprometida con la sostenibilidad y la protección del medio ambiente. Ofrece productos duraderos y de alta calidad, diseñados para minimizar el impacto ambiental y apoyar causas ambientales.

   - ⇨ **Propuesta de valor:** Patagonia se diferencia de otros fabricantes de ropa y equipos para actividades al aire libre al enfocarse en la sostenibilidad y en el activismo ambiental. No solo produce ropa funcional y duradera, sino que también anima a los clientes a reparar y reutilizar sus productos y se involucra activamente en causas ambientales.
   - ⇨ **Enunciado de la propuesta de valor:** "Construimos los mejores

productos y causamos el menor daño posible. Nuestra misión es usar el negocio para inspirar y ejecutar soluciones a la crisis ambiental."

- ⇨ **Reflexión:** Patagonia comunica su propósito de negocio no solo en su misión y productos, sino también en sus campañas de marketing, políticas de producción sostenible y en sus acciones de responsabilidad social. Su propuesta de valor atrae a consumidores conscientes del medio ambiente que buscan productos éticos y duraderos.

2. Tesla - Vehículos eléctricos y soluciones de energía limpia

- ⇨ **Descripción del negocio:** Tesla es una empresa de tecnología que diseña, fabrica y vende vehículos eléctricos, baterías y soluciones de energía renovable. Su misión es acelerar la transición mundial hacia la energía sostenible mediante productos innovadores y de alto rendimiento.
- ⇨ **Propuesta de valor:** Tesla se distingue en el mercado automotriz al ofrecer vehículos eléctricos de alta calidad que combinan innovación tecnológica, sostenibilidad y un diseño vanguardista. Además, la empresa se centra en construir una infraestructura de carga global para facilitar la adopción de sus vehículos y promover la energía renovable.
- ⇨ **Enunciado de la propuesta de valor:** "Acelerar la transición del mundo hacia la energía sostenible mediante vehículos eléctricos de alta eficiencia y soluciones de energía limpia."
- ⇨ **Reflexión:** La propuesta de valor de Tesla atrae a clientes interesados en la tecnología avanzada y la sostenibilidad. Su enfoque en la innovación constante y en la experiencia del cliente refleja su compromiso con un futuro más limpio, y esto se percibe en toda su comunicación de marca y en la calidad de sus productos.

3. Slack - Herramienta de comunicación para equipos

⇨ **Descripción del negocio:** Slack es una plataforma de mensajería diseñada para equipos de trabajo, que facilita la comunicación y colaboración entre empleados mediante chats, canales de equipo y herramientas de integración con otras aplicaciones de productividad.

⇨ **Propuesta de valor:** Slack se destaca al ofrecer una experiencia de comunicación empresarial eficiente, integrada y amigable para el usuario. Su propuesta de valor radica en simplificar la comunicación interna de las empresas, reduciendo la dependencia del correo electrónico y permitiendo una mayor colaboración y productividad.

⇨ **Enunciado de la propuesta de valor:** "Donde el trabajo sucede. Con Slack, la comunicación de tu equipo es rápida, organizada y productiva, ayudándote a trabajar mejor en equipo."

⇨ **Reflexión:** Slack logró posicionarse rápidamente en el mercado de herramientas de colaboración al ofrecer una plataforma intuitiva que resuelve problemas comunes en la comunicación empresarial. Su enfoque en la eficiencia y la facilidad de uso ha hecho que sea una herramienta esencial para empresas que buscan mejorar la colaboración interna.

WARBY PARKER

4. Warby Parker - Tienda de gafas de alta calidad y precios accesibles

⇨ **Descripción del negocio:** Warby Parker es una empresa de venta de gafas que ofrece productos de alta calidad a precios accesibles. La empresa vende gafas de diseño propio y se enfoca en eliminar los intermediarios para reducir costos. Además, promueve un modelo de negocio socialmente responsable a través de su programa "Compra uno, da uno".

⇨ **Propuesta de valor:** Warby Parker se diferencia al ofrecer gafas de calidad a precios asequibles y con un enfoque socialmente responsable. Su programa de donación de gafas y su modelo de negocio directo al consumidor le permite atraer a clientes que buscan estilo, calidad y un impacto positivo en la comunidad.

⇨ **Enunciado de la propuesta de valor:** "Gafas que te encantarán, a un precio que puedes pagar, con un impacto positivo: por cada par comprado, otro par es donado."

⇨ **Reflexión:** Warby Parker combina su oferta de calidad con una misión social, lo que le ha permitido diferenciarse en un mercado muy competitivo. Su compromiso con la accesibilidad y la responsabilidad social se percibe claramente en su propuesta de valor y en su comunicación de marca, generando lealtad y atrayendo a consumidores éticos.

5. Airbnb - Plataforma de alojamiento y experiencias únicas

⇨ **Descripción del negocio:** Airbnb es una plataforma en línea que conecta a viajeros con anfitriones de todo el mundo, ofreciendo alojamiento y experiencias locales en destinos de todo el mundo. Su propósito es permitir a las personas vivir como locales y descubrir lugares auténticos.

⇨ **Propuesta de valor:** Airbnb se destaca al proporcionar experiencias de viaje únicas y personalizadas. A diferencia de los hoteles tradicionales, Airbnb permite a los viajeros vivir en barrios residenciales, interactuar con anfitriones locales y experimentar una inmersión cultural.

⇨ **Enunciado de la propuesta de valor:** "No solo te alojes. Vive como un local y descubre el mundo de una manera auténtica con Airbnb."

⇨ **Reflexión:** Airbnb logró posicionarse como una alternativa a los hoteles al ofrecer una experiencia auténtica y personalizada que conecta a los viajeros con las culturas locales. Su propuesta de valor va más allá de ofrecer alojamiento: permite a las personas vivir una experiencia de viaje única, lo que resuena con los viajeros que buscan algo más que el turismo convencional.

6. Zoom - Plataforma de videoconferencias

⇨ **Descripción del negocio:** Zoom es una plataforma de videoconferencias que permite a empresas, organizaciones y personas comunicarse de manera remota con una calidad de video y audio confiables, fácil de usar y accesible desde cualquier dispositivo.

⇨ **Propuesta de valor:** Zoom se diferencia de otras plataformas de comunicación por su simplicidad, accesibilidad y fiabilidad, incluso en conexiones de internet de baja calidad. Esto permite a los usuarios mantenerse conectados y productivos en cualquier lugar y en cualquier momento.

⇨ **Enunciado de la propuesta de valor:** "Reúnete, conéctate y colabora desde cualquier lugar con Zoom. Comunicación de video confiable y fácil de usar para un mundo en constante cambio."

⇨ **Reflexión:** Zoom ofrece una propuesta de valor centrada en la simplicidad y accesibilidad, facilitando la comunicación y la colaboración a nivel global. Su valor diferencial le ha permitido posicionarse como una herramienta esencial para la comunicación remota, especialmente en un contexto donde el trabajo y la educación a distancia son cada vez más comunes.

Estos ejemplos ilustran cómo una descripción clara del negocio y una propuesta de valor bien definida pueden ayudar a posicionar una empresa en el mercado. Cada una de estas empresas ha logrado comunicar su propuesta de valor de manera efectiva, atrayendo a su público objetivo y destacándose frente a la competencia.

2. Análisis del entorno.

2.1. Herramientas de análisis de entorno

El análisis del entorno es una parte fundamental del plan de empresa, ya que permite a los emprendedores identificar los factores externos que pueden influir en el éxito de su negocio.

Una de las herramientas más utilizadas para este análisis es el análisis PEST, que examina cuatro factores principales: Político, Económico, Social y Tecnológico. Cada uno de estos factores puede impactar de forma positiva o negativa en el desarrollo de la empresa y en la toma de decisiones estratégicas.

♦ ¿Qué es el análisis PEST?

El análisis PEST es una herramienta de planificación estratégica que permite evaluar los factores externos del entorno en el que opera una empresa.

Cada uno de estos factores tiene el potencial de afectar el mercado, la demanda, los costos y las oportunidades del negocio. Al realizar un análisis PEST, los emprendedores pueden anticiparse a los cambios y adaptar su estrategia en función de las condiciones externas.

Componentes del análisis PEST

1. Factores Políticos

Los factores políticos se refieren a las políticas gubernamentales, la estabilidad política, las leyes y las regulaciones que afectan a la industria y al negocio. Estos factores son importantes porque pueden influir en el costo de hacer negocios, en las normativas que deben cumplirse y en la estabilidad del entorno económico.

⇨ **Ejemplos de factores políticos a considerar:**

- **Estabilidad del gobierno:** Un entorno político estable brinda mayor seguridad para invertir y operar.
- **Regulaciones fiscales:** Impuestos y aranceles que pueden afectar los costos y la rentabilidad del negocio.
- **Políticas de comercio internacional:** Regulaciones de importación y exportación que afectan el acceso a materias primas y la venta en otros países.
- **Legislación laboral:** Leyes sobre salarios, condiciones laborales y derechos de los trabajadores.

⇨ **Ejemplo práctico:** Una empresa que importa materiales de otros países podría verse afectada por aranceles o restricciones comerciales que incrementen los costos de importación. En cambio, una política de reducción de impuestos para pequeñas empresas podría favorecer su crecimiento y estabilidad.

2. Factores Económicos

Los factores económicos incluyen las condiciones económicas generales del país o región donde opera el negocio, como la inflación, el crecimiento económico, los tipos de interés y las tasas de empleo. Estos factores pueden influir en el poder adquisitivo de los consumidores y en los costos de operación del negocio.

⇨ **Ejemplos de factores económicos a considerar:**

- **Inflación:** Aumento de los precios de bienes y servicios que afecta el costo de producción y el poder adquisitivo de los clientes.

- **Tipos de interés:** Las tasas de interés afectan los costos de financiamiento y, por ende, la rentabilidad del negocio.
- **Desempleo y niveles de ingreso:** La tasa de empleo e ingreso disponible en la economía influye en el gasto de los consumidores y en la demanda del mercado.
- **Crecimiento económico:** Un crecimiento económico estable puede aumentar la demanda de bienes y servicios, mientras que una recesión puede reducirla.

⇨ **Ejemplo práctico:** Una empresa que vende productos de lujo puede ver una disminución en las ventas durante una recesión económica, ya que los consumidores tienen menos ingresos disponibles y priorizan bienes esenciales.

3. Factores Sociales

Los factores sociales incluyen las tendencias demográficas, culturales y de comportamiento de los consumidores que pueden afectar la demanda de productos y servicios.

Estos factores reflejan las preferencias, estilos de vida, valores y cambios en las expectativas de la sociedad.

⇨ **Ejemplos de factores sociales a considerar:**

- **Cambios demográficos:** Edad, nivel de educación, composición familiar y ubicación geográfica del público objetivo.
- **Estilos de vida y valores:** Preferencias de consumo, tendencias en la salud y el bienestar, y conciencia ambiental.
- **Hábitos de compra:** Cambio hacia la compra en línea, la preferencia por productos sostenibles o el interés en la economía colaborativa.
- **Cultura y religión:** Aspectos culturales y religiosos que pueden afectar la aceptación de ciertos productos o servicios.

- ⇨ **Ejemplo práctico:** Una empresa de alimentos saludables podría beneficiarse del cambio en los hábitos de consumo hacia una alimentación más saludable, mientras que una empresa de productos desechables puede enfrentar retos debido a la creciente conciencia sobre el impacto ambiental y la preferencia por productos reutilizables.

4. Factores Tecnológicos

Los factores tecnológicos incluyen los avances y las innovaciones que afectan la forma en que se producen, distribuyen o consumen los productos y servicios. La tecnología puede crear nuevas oportunidades de negocio o representar una amenaza para los negocios que no se adaptan a los cambios.

- ⇨ **Ejemplos de factores tecnológicos a considerar:**
  - ➤ **Innovaciones tecnológicas:** Avances en tecnología que pueden mejorar la producción, reducir costos o crear productos más competitivos.
  - ➤ **Automatización y digitalización:** Oportunidades para reducir costos mediante la automatización de procesos o el uso de herramientas digitales.
  - ➤ **Evolución de la infraestructura de telecomunicaciones:** Aumento en el uso de internet y dispositivos móviles que facilita la venta en línea o la comunicación con los clientes.
  - ➤ **Investigación y desarrollo (I+D):** Inversiones en nuevas tecnologías y productos que podrían alterar el mercado o crear ventajas competitivas.
- ⇨ **Ejemplo práctico:** Un negocio de retail que aproveche las herramientas de e-commerce y los pagos digitales puede llegar a una audiencia más amplia y ofrecer una experiencia de compra más conveniente. Sin embargo, las empresas que no adoptan tecnología digital pueden quedar rezagadas en un mercado altamente competitivo.

Realización de un análisis PEST paso a paso

01 — Recopilar información confiable sobre el entorno en el que opera el negocio.

02 — Para cada uno de los factores (Político, Económico, Social y Tecnológico), identifica los elementos clave que pueden influir en el negocio y clasifícalos según su relevancia y posible impacto

03 — Analiza cómo cada factor identificado podría influir en el negocio

04 — A partir de los factores identificados y su impacto, desarrolla estrategias que permitan al negocio adaptarse a los cambios del entorno.

♦ Ejemplo práctico de un análisis PEST para una tienda de moda sostenible

1. **Factores Políticos:**

   ⇨ **Leyes de comercio internacional:** La tienda importa materiales de diferentes países, por lo que cambios en aranceles o restricciones comerciales podrían afectar los costos de materiales.

   ⇨ **Incentivos fiscales para empresas sostenibles:** Si el gobierno ofrece incentivos a empresas ecológicas, la tienda puede beneficiarse de reducir sus impuestos.

2. **Factores Económicos:**

   ⇨ **Inflación:** Si los precios de los materiales aumentan, el negocio podría ver un incremento en sus costos de producción, lo que afectaría los márgenes de ganancia.

- ⇨ **Poder adquisitivo del consumidor:** Si la economía está en crecimiento, los clientes pueden estar más dispuestos a pagar por productos sostenibles y de mayor precio.

3. **Factores Sociales:**

   - ⇨ **Cambio en valores sociales:** Creciente conciencia ambiental y preferencia por productos éticos y sostenibles, lo que puede aumentar la demanda de la tienda de moda sostenible.
   - ⇨ **Demografía:** Mayor interés en la moda ética entre consumidores jóvenes y urbanos, que son el segmento principal del negocio.

4. **Factores Tecnológicos:**

   - ⇨ **Plataformas de e-commerce y redes sociales:** La tienda puede expandir su alcance utilizando plataformas de venta en línea y marketing digital.
   - ⇨ **Tecnología en materiales sostenibles:** Nuevas tecnologías que permiten producir materiales más ecológicos, lo cual puede ayudar a diferenciar aún más la oferta del negocio.

♦ **Estrategias derivadas del análisis PEST:**

- ⇨ Aprovechar los incentivos fiscales mediante el uso de prácticas sostenibles y mantener una comunicación transparente sobre el compromiso ecológico.
- ⇨ Considerar la diversificación de proveedores para reducir el impacto de las tarifas de importación y los costos de los materiales.
- ⇨ Invertir en marketing digital y e-commerce para llegar a los consumidores interesados en moda sostenible.
- ⇨ Investigar y adoptar tecnologías de materiales sostenibles que permitan producir productos de mayor calidad y menor impacto ambiental.

El análisis PEST ayuda a los emprendedores a comprender el entorno en el que opera su negocio y a anticiparse a los cambios externos. Este enfoque permite una planificación estratégica más informada y facilita la toma de decisiones adaptativas para minimizar los riesgos y maximizar las oportunidades en el mercado.

2.2. Identificación de tendencias del mercado

Las tendencias del mercado son patrones de cambio en el comportamiento de los consumidores, en la tecnología, en la economía y en la sociedad en general. Identificar estas tendencias es clave para los emprendedores, ya que pueden representar tanto oportunidades como amenazas para el negocio. Mantenerse actualizado sobre las tendencias permite a las empresas anticiparse a las necesidades del mercado, adaptarse a los cambios y desarrollar productos o servicios que resuenen con el público.

- ¿Por qué es importante identificar las tendencias del mercado?

  El análisis de tendencias permite a las empresas:

  - **Adaptarse rápidamente a los cambios:** Las empresas que identifican y responden a las tendencias emergentes tienen una ventaja competitiva, ya que pueden ajustar su oferta para alinearse con las nuevas expectativas de los clientes.
  - **Aprovechar oportunidades de crecimiento:** Las tendencias pueden abrir nuevas oportunidades de negocio en sectores emergentes o en mercados que están cambiando.
  - **Mitigar riesgos:** Identificar tendencias también ayuda a anticipar posibles amenazas, como una disminución en la demanda o cambios regulatorios, permitiendo que la empresa se prepare y ajuste su estrategia.
  - **Conectar mejor con los clientes:** Comprender las tendencias sociales y de consumo permite a las empresas alinearse con los valores y preferencias de su público objetivo, lo que puede aumentar la fidelidad y la satisfacción del cliente.

- Tipos de tendencias del mercado y cómo identificarlas

1. Tendencias sociales

   Las tendencias sociales reflejan cambios en el comportamiento, valores, actitudes y estilos de vida de los consumidores. Estas tendencias pueden afectar las preferencias de compra y crear una demanda en nuevos segmentos de mercado.

⇨ **Ejemplos de tendencias sociales:**

- **Preferencia por la sostenibilidad:** Un número creciente de consumidores prefiere productos sostenibles y responsables con el medio ambiente.
- **Salud y bienestar:** Cada vez más personas buscan productos que promuevan una vida saludable, como alimentos orgánicos, ejercicio y prácticas de bienestar mental.
- **Personalización:** Los consumidores valoran productos y servicios personalizados que se adapten a sus necesidades específicas.

⇨ **Oportunidades:** Una empresa que vende alimentos orgánicos puede aprovechar la tendencia de salud y bienestar para ampliar su oferta de productos saludables o iniciar campañas de marketing enfocadas en los beneficios para la salud.

⇨ **Amenazas:** Una empresa de productos de plástico desechable podría enfrentar una disminución de ventas debido a la preferencia por productos sostenibles, lo que puede requerir un ajuste en sus materiales o en el diseño de sus productos.

2. Tendencias tecnológicas

Las tendencias tecnológicas implican la adopción de nuevas tecnologías que afectan la manera en que las empresas operan y cómo interactúan con los clientes. La tecnología puede facilitar la eficiencia, mejorar la experiencia del cliente y crear nuevos canales de venta y comunicación.

⇨ **Ejemplos de tendencias tecnológicas:**

- **Automatización y digitalización:** Las empresas están adoptando la automatización para optimizar procesos y reducir costos.
- **E-commerce y marketing digital:** El comercio en línea y el marketing digital permiten llegar a un público más amplio y facilitar la venta directa.
- **Inteligencia artificial (IA):** La IA se utiliza para personalizar la experiencia del cliente, predecir patrones de compra y optimizar las estrategias de marketing.

- ⇨ **Oportunidades:** Una empresa de retail podría beneficiarse de implementar una plataforma de e-commerce para llegar a clientes más allá de su ubicación física.
- ⇨ **Amenazas:** Las empresas que no adopten herramientas digitales pueden perder competitividad frente a aquellos negocios que optimicen sus operaciones y ofrezcan experiencias más personalizadas.

3. Tendencias económicas

Las tendencias económicas reflejan cambios en las condiciones financieras que afectan el poder adquisitivo de los consumidores, los costos de operación y las oportunidades de crecimiento. Las tendencias económicas pueden tener un impacto directo en la demanda y en los márgenes de ganancia.

- ⇨ **Ejemplos de tendencias económicas:**
    - ➤ **Crecimiento o recesión económica:** En tiempos de crecimiento económico, los consumidores pueden estar dispuestos a gastar más en productos no esenciales. En una recesión, prefieren productos asequibles y servicios básicos.
    - ➤ **Tasas de interés y financiamiento:** Tasas de interés bajas pueden facilitar el acceso a financiamiento para las empresas, mientras que tasas altas pueden limitar la inversión.
    - ➤ **Inflación:** La inflación puede aumentar los costos de producción y afectar los precios de venta, lo que influye en la rentabilidad.
- ⇨ **Oportunidades:** En un contexto de tasas de interés bajas, una empresa puede aprovechar para expandir sus operaciones mediante préstamos accesibles.
- ⇨ **Amenazas:** En un periodo de recesión, una empresa de productos de lujo podría ver una disminución en la demanda, lo que la obligaría a reducir precios o a lanzar productos más accesibles.

4. Tendencias políticas y regulatorias

Las tendencias políticas y regulatorias reflejan cambios en las políticas gubernamentales, regulaciones, leyes y acuerdos comerciales. Estas tendencias pueden influir en la facilidad de hacer negocios, en los costos de operación y en las oportunidades de expansión.

⇨ **Ejemplos de tendencias políticas y regulatorias:**

- **Incentivos fiscales para empresas sostenibles:** Muchos gobiernos ofrecen incentivos a las empresas que adoptan prácticas sostenibles o que reducen su impacto ambiental.
- **Regulaciones de comercio internacional:** Las restricciones comerciales pueden afectar el acceso a ciertos materiales o el costo de los mismos.
- **Leyes de privacidad de datos:** Las leyes sobre la privacidad de datos, como el GDPR en Europa, pueden afectar la forma en que las empresas recopilan y utilizan los datos de los clientes.

⇨ **Oportunidades:** Una empresa de energías renovables podría beneficiarse de incentivos fiscales para energías limpias, lo que reduciría sus costos de operación.

⇨ **Amenazas:** Una empresa de e-commerce que recopila datos de clientes podría necesitar ajustar sus procesos para cumplir con las leyes de privacidad, lo que podría requerir una inversión en tecnología y cambios operativos.

♦ Estrategias para identificar y analizar tendencias del mercado

1. Monitoreo de informes y estudios de mercado

Los informes de tendencias de mercado y estudios de analistas de la industria proporcionan una visión detallada de las tendencias actuales y emergentes en el sector. Estas fuentes de información pueden incluir informes anuales de empresas de investigación como Nielsen, Statista o Euromonitor.

- ⇨ **Consejo:** Realiza una revisión periódica de los informes y estudios de mercado para estar al tanto de los cambios en el entorno y anticiparte a los movimientos de la competencia.

2. Escuchar a los clientes y observar sus hábitos de consumo

   Las encuestas a clientes, los focus groups y las observaciones en redes sociales permiten comprender mejor las necesidades, preferencias y actitudes de los consumidores.

   - ⇨ **Consejo:** Usa herramientas de análisis de redes sociales para observar temas de tendencia y escuchar los comentarios de los consumidores sobre productos, servicios y marcas en tu industria.

3. Seguir a la competencia y analizar su respuesta a las tendencias

   Analizar a los competidores y observar cómo están respondiendo a las tendencias puede ayudar a identificar áreas de oportunidad y a adaptar estrategias efectivas.

   - ⇨ **Consejo:** Realiza un análisis competitivo para observar cómo los competidores están abordando las tendencias y determina si sus estrategias pueden ser aplicadas o mejoradas en tu negocio.

4. Participar en eventos y conferencias de la industria

   Asistir a eventos, ferias y conferencias permite a los emprendedores conocer las últimas innovaciones y tendencias en su sector. Estos eventos también son una oportunidad para interactuar con expertos y profesionales de la industria.

   - ⇨ **Consejo:** Participa en eventos de networking, conferencias y seminarios de la industria para obtener información de primera mano sobre las tendencias emergentes y establecer contactos que te mantengan informado.

- ♦ Ejemplo práctico de identificación de tendencias del mercado para una empresa de moda sostenible

Tendencias identificadas:

1. **Tendencia social:** Aumento en la preferencia por productos éticos y sostenibles. Los consumidores buscan ropa que minimice el impacto ambiental y que sea producida en condiciones laborales justas.

2. **Tendencia tecnológica:** Innovación en textiles sostenibles, como telas hechas de materiales reciclados o biodegradables, lo cual permite a la empresa ofrecer productos aún más alineados con las expectativas del cliente.

3. **Tendencia económica:** Los consumidores están dispuestos a pagar un precio ligeramente más alto por productos que sean éticos y de buena calidad, lo cual representa una oportunidad de negocio.

4. **Tendencia regulatoria:** Posible implementación de leyes que exigen mayor transparencia en las cadenas de suministro y regulaciones ambientales que podrían impactar la producción textil.

- **Oportunidades y amenazas identificadas:**

  - ⇨ **Oportunidades:** La empresa podría capitalizar la preferencia de los clientes por la sostenibilidad lanzando una línea de productos fabricados con textiles reciclados y biodegradables. También podría obtener certificaciones que verifiquen sus prácticas éticas, aumentando así la confianza de los consumidores.

  - ⇨ **Amenazas:** Si el negocio no se adapta a las leyes de transparencia y sostenibilidad en la cadena de suministro, podría enfrentar sanciones o perder clientes. Es importante que la empresa implemente prácticas de trazabilidad para cumplir con las posibles regulaciones.

Identificar las tendencias del mercado es una herramienta poderosa para cualquier negocio, ya que permite anticiparse a los cambios y desarrollar estrategias proactivas. Al estar al tanto de las tendencias sociales, tecnológicas, económicas y políticas, las empresas pueden adaptarse rápidamente, aprovechar oportunidades de crecimiento y mitigar riesgos, asegurando su competitividad en un entorno en constante evolución.

2.3. Competencia y su influencia en el negocio

El análisis de la competencia es fundamental para cualquier negocio, ya que permite comprender mejor el mercado y desarrollar estrategias para destacar. Identificar y analizar tanto a la competencia directa como a la indirecta ayuda a los emprendedores a detectar oportunidades, diferenciar su propuesta de valor y anticiparse a los movimientos de otros actores en el mercado.

- ¿Qué es la competencia directa e indirecta?

1. Competencia directa

   - La competencia directa está compuesta por empresas que ofrecen productos o servicios similares al negocio y que atienden a un público objetivo similar. Estas empresas representan una competencia directa porque satisfacen las mismas necesidades y, por lo tanto, compiten directamente por los mismos clientes.

   - **Ejemplo:** Para una cafetería local, otras cafeterías en la misma zona o cadena de cafeterías grandes serían competidores directos.

2. Competencia indirecta

   - La competencia indirecta incluye a empresas que no ofrecen productos o servicios idénticos, pero que satisfacen la misma necesidad o pueden sustituir de alguna forma a la oferta de la empresa. Aunque estos competidores no ofrecen el mismo producto, pueden atraer a una parte de los clientes objetivo.

   - **Ejemplo:** Para una cafetería, los competidores indirectos serían tiendas de conveniencia que venden café envasado, supermercados con cafés en sus instalaciones o incluso máquinas de café en oficinas.

- Pasos para identificar y analizar a la competencia

1. Identificación de competidores

   El primer paso es crear una lista de los competidores directos e indirectos en el mercado. Esto se puede hacer a través de una investigación del mercado, consultas con clientes y análisis de los hábitos de consumo de los clientes objetivo.

⇨ **Consejo:** Usa herramientas de búsqueda en línea como Google y redes sociales para identificar a los competidores en la misma ubicación o en el mismo segmento de mercado. Además, plataformas como Yelp o TripAdvisor pueden ayudar a localizar negocios similares en la zona.

2. Clasificación de la competencia

Organiza los competidores en categorías de directa e indirecta, y clasifícalos según su tamaño, posicionamiento y enfoque estratégico.

Esto permite ver con mayor claridad el panorama competitivo y diferenciar entre los competidores principales y secundarios.

⇨ **Ejemplo:** Una tienda de ropa podría clasificar como competencia directa a otras tiendas locales de ropa de moda, y como competencia indirecta a grandes tiendas por departamento que venden ropa, aunque no sea su producto principal.

3. Análisis de la oferta de productos y servicios

Examina qué productos o servicios ofrece cada competidor y cómo se diferencian en cuanto a calidad, características y precio. Identifica los puntos fuertes y débiles de cada competidor para descubrir áreas donde tu negocio pueda destacarse.

⇨ **Ejemplo:** Una tienda de moda podría observar que sus competidores directos se enfocan en moda rápida y a precios bajos. Si la tienda ofrece moda sostenible de mayor calidad, podría destacarse por su compromiso con la sostenibilidad y la exclusividad.

4. Estudio del posicionamiento y propuesta de valor

Analiza cómo cada competidor se posiciona en el mercado y cuál es su propuesta de valor. Esto incluye estudiar su mensaje de marca, sus valores, su público objetivo y su imagen. El objetivo es identificar cómo perciben los clientes a cada competidor y cuál es su diferenciación.

⇨ **Ejemplo:** Un negocio de productos orgánicos puede observar que sus competidores posicionan sus productos como saludables y asequibles.

Para destacar, podría posicionarse como una marca premium que utiliza ingredientes locales y sostenibles, apelando a un segmento de consumidores que valore la calidad y el impacto ambiental.

5. Evaluación de precios y estrategias de venta

   Compara los precios de los competidores y sus estrategias de venta, como promociones, descuentos, canales de distribución y programas de fidelización. Conocer el rango de precios y las tácticas de venta de la competencia ayuda a determinar una estrategia de precios adecuada para tu negocio.

   ⇨ **Ejemplo:** Si los competidores ofrecen descuentos frecuentes, tu negocio podría diferenciarse mediante un programa de fidelización que ofrezca recompensas a los clientes leales o ventajas exclusivas a los suscriptores.

6. Análisis de canales de marketing y comunicación

   Observa en qué canales de marketing y comunicación están presentes los competidores y cuáles utilizan con mayor frecuencia. Esto incluye redes sociales, sitios web, email marketing, publicidad y eventos. Este análisis permite identificar los canales más efectivos y ver dónde existe una oportunidad de mejorar la visibilidad del negocio.

   ⇨ **Ejemplo:** Si los competidores se enfocan en redes sociales como Instagram, un negocio que desea competir en el mismo mercado podría considerar invertir en campañas de influencers o en crear contenido en plataformas menos saturadas como TikTok para atraer a una audiencia más amplia.

7. Evaluación de la satisfacción del cliente

   Examina la satisfacción de los clientes con los competidores, a través de reseñas en línea, redes sociales y otros medios. Las opiniones de los clientes revelan los puntos fuertes y débiles de los competidores, lo cual permite identificar oportunidades para mejorar la oferta y aumentar la satisfacción en tu propio negocio.

⇨ **Ejemplo:** Una revisión de los comentarios en Yelp o Google puede revelar que muchos clientes de un competidor se quejan de la atención al cliente o del tiempo de espera. Esto permite que tu negocio se diferencie al brindar un excelente servicio al cliente y tiempos de entrega rápidos.

- Herramientas para realizar el análisis de la competencia

1. Análisis FODA Competitivo Un análisis FODA (Fortalezas, Oportunidades, Debilidades y Amenazas) para cada competidor principal permite visualizar las áreas en las que tu negocio puede competir de manera efectiva y en las que debe mejorar.

   ⇨ **Ejemplo:** Si un competidor tiene debilidades en la calidad del servicio al cliente, esta puede ser un área en la que tu negocio se destaque. Si otro competidor tiene una gran fortaleza en su presencia en redes sociales, es posible que necesites fortalecer tu estrategia en estas plataformas.

2. Benchmarking El benchmarking implica medir el rendimiento de tu negocio en comparación con el de los competidores. Puedes evaluar métricas como ventas, precios, visibilidad en redes sociales o satisfacción del cliente para detectar áreas en las que mejorar o ajustar.

   ⇨ **Ejemplo:** Una cafetería podría hacer benchmarking de la calidad del café, la rapidez del servicio y la presentación, comparándolos con los de competidores directos para asegurarse de ofrecer una experiencia superior.

3. Análisis de palabras clave y SEO Para los negocios en línea, el análisis de palabras clave permite identificar las búsquedas que dirigen a los clientes hacia la competencia. Herramientas como SEMrush o Ahrefs ayudan a analizar las palabras clave utilizadas por los competidores y a optimizar el contenido del sitio web para captar tráfico similar.

   ⇨ **Ejemplo:** Un e-commerce de ropa podría investigar las palabras clave en las que su competencia está bien posicionada, como “ropa ecológica” o “moda sostenible”, y crear contenido optimizado en su sitio web para atraer más visitantes interesados en esos temas.

4. Mystery Shopping El mystery shopping consiste en evaluar la experiencia del cliente en los negocios de la competencia, haciéndose pasar por un cliente. Esto permite conocer el servicio al cliente, la calidad de los productos y la experiencia de compra en general.

   ⇨ **Ejemplo:** Un negocio de servicios de estética podría enviar a alguien como cliente a otros salones para evaluar el servicio, la presentación del personal y la comodidad del espacio, y luego implementar mejoras en su propia oferta.

♦ Ejemplo práctico de análisis de la competencia para una tienda de alimentos orgánicos

1. **Competencia directa:**

   ⇨ Tiendas locales de productos orgánicos y supermercados que ofrecen secciones de productos orgánicos.

2. **Competencia indirecta:**

   ⇨ Supermercados convencionales y servicios de entrega de alimentos que ofrecen productos naturales o saludables, aunque no exclusivamente orgánicos.

♦ **Análisis de la competencia:**

⇨ **Oferta de productos:**

➤ Las tiendas competidoras ofrecen una variedad de productos orgánicos básicos, pero carecen de productos de especialidad como superalimentos o suplementos ecológicos. Esto representa una oportunidad para diferenciarse ampliando la oferta de productos especializados.

⇨ **Precios y promociones:**

➤ La mayoría de los competidores ofrecen descuentos ocasionales en productos orgánicos, pero no tienen programas de fidelización. La tienda podría implementar un programa de recompensas para clientes frecuentes.

- **Satisfacción del cliente:**
  - Las reseñas en línea indican que algunos competidores tienen problemas con la frescura de los productos y la disponibilidad de ciertos artículos. La tienda podría enfocarse en garantizar productos frescos y en tener un inventario amplio y confiable.
- **Canales de comunicación:**
  - Los competidores utilizan principalmente redes sociales, pero con poco contenido educativo sobre los beneficios de los productos orgánicos. La tienda podría destacarse proporcionando contenido informativo sobre salud y bienestar en sus plataformas de redes sociales y sitio web.

El análisis de la competencia permite identificar fortalezas y debilidades en el mercado, así como oportunidades para diferenciarse y satisfacer mejor a los clientes. Al evaluar tanto a la competencia directa como a la indirecta, el negocio puede desarrollar una propuesta de valor única y estrategias que lo posicionen favorablemente en el mercado, maximizando sus posibilidades de éxito.

2.4. Ejercicio de análisis

Evaluar cómo el entorno podría afectar una idea de negocio

Este ejercicio tiene como objetivo ayudar a los alumnos a aplicar lo aprendido sobre el análisis del entorno y evaluar cómo los factores externos pueden influir en su idea de negocio. Al identificar posibles desafíos y oportunidades en el entorno, los alumnos podrán desarrollar estrategias para mitigar riesgos y aprovechar oportunidades, fortaleciendo así su propuesta de valor y su modelo de negocio.

- Instrucciones

1. **Escoge una idea de negocio:** Cada alumno debe elegir una idea de negocio (puede ser una idea propia o una seleccionada en clase para este ejercicio).

2. **Realiza un análisis PEST de tu idea de negocio:** Usando el marco PEST, analiza los factores Políticos, Económicos, Sociales y Tecnológicos que podrían afectar el negocio. Describe cada factor y evalúa si representa una oportunidad o una amenaza.
3. **Identifica a los competidores y analiza su influencia:** Investiga la competencia directa e indirecta de tu idea de negocio y describe cómo estos competidores podrían afectar tus operaciones o tus ventas.
4. **Identificación de tendencias del mercado:** Describe las principales tendencias del mercado que podrían influir en tu negocio. Indica si estas tendencias representan una oportunidad o una amenaza y explica por qué.
5. **Desarrolla posibles soluciones y estrategias:** Con base en el análisis, identifica soluciones para los desafíos que enfrentes y estrategias para aprovechar las oportunidades.

- Plantilla de análisis

A continuación, se presenta una plantilla para guiar el análisis. Los alumnos deben completar cada sección con las ideas y estrategias aplicables a su negocio.

- Ejemplo de análisis PEST y competencia para un negocio de cafetería de café orgánico

1. **Descripción de la idea de negocio:**

Una cafetería que ofrece café orgánico y sostenible, acompañada de alimentos saludables. La propuesta de valor se centra en un ambiente acogedor, productos de origen ético y sostenibilidad en cada aspecto del negocio.

- Análisis PEST

  - **Factores Políticos:**

    - **Ejemplo:** Cambios en las políticas de comercio exterior pueden afectar los precios de importación del café orgánico. Además, se podrían implementar políticas de incentivos fiscales para negocios sostenibles.

- **Oportunidad/Amenaza:** Amenaza (por precios de importación) y oportunidad (por incentivos fiscales).
- **Posible solución:** Establecer relaciones con varios proveedores de café orgánico para diversificar el riesgo de precios y considerar la importación de granos locales que cumplan con estándares orgánicos.

⇨ **Factores Económicos:**

- **Ejemplo:** Un aumento en la inflación puede afectar el poder adquisitivo de los clientes y reducir la demanda de productos premium como el café orgánico.
- **Oportunidad/Amenaza:** Amenaza.
- **Posible solución:** Introducir una gama de productos de menor precio y ofrecer promociones o paquetes para que los clientes perciban mayor valor en sus compras.

⇨ **Factores Sociales:**

- **Ejemplo:** Creciente preferencia por productos orgánicos y sostenibles y la tendencia hacia un estilo de vida saludable.
- **Oportunidad/Amenaza:** Oportunidad.
- **Posible solución:** Aumentar el enfoque en la sostenibilidad mediante campañas en redes sociales que resalten la procedencia y calidad del café, y educar a los clientes sobre los beneficios del consumo ético.

⇨ **Factores Tecnológicos:**

- **Ejemplo:** Aumento en el uso de tecnología de pedidos en línea y aplicaciones de fidelización.
- **Oportunidad/Amenaza:** Oportunidad.
- **Posible solución:** Implementar una aplicación de pedidos en línea y un programa de fidelización digital que incentive a los clientes a regresar y acumular puntos por cada compra.

- Análisis de Competencia
  - **Competencia Directa:**
    - **Ejemplo:** Otras cafeterías en la misma zona que también ofrecen café de alta calidad y un ambiente agradable.
    - **Posible amenaza:** Estas cafeterías podrían atraer a una base de clientes similar.
    - **Posible solución:** Diferenciarse ofreciendo únicamente café orgánico certificado y enfatizando la sostenibilidad en todos los aspectos, desde los empaques hasta las decoraciones interiores.
  - **Competencia Indirecta:**
    - **Ejemplo:** Supermercados que venden café orgánico y cadenas de cafeterías rápidas que venden café a menor precio.
    - **Posible amenaza:** Los clientes pueden optar por comprar café en los supermercados o en cafeterías de menor precio.
    - **Posible solución:** Crear una experiencia en la tienda que destaque la calidad, el ambiente y la responsabilidad ética, para que el cliente valore la experiencia completa y no solo el precio.
- Análisis de Tendencias del Mercado

1. **1. Tendencia de salud y bienestar:**
   - **Oportunidad:** Existe una demanda creciente por productos saludables y sostenibles.
   - **Posible estrategia:** Aumentar el valor de la oferta destacando los beneficios del café orgánico y ofreciendo alimentos que complementen esta tendencia, como snacks saludables y bebidas naturales.
2. **Conciencia ambiental:**
   - **Oportunidad:** Muchos consumidores están buscando negocios que sean sostenibles y respetuosos con el medio ambiente.

- ⇨ **Posible estrategia:** Usar materiales biodegradables, promover un programa de reciclaje en la tienda y comunicar activamente el compromiso ambiental del negocio en redes sociales.

- ♦ Estrategias Generales y Soluciones
  - ⇨ **Estrategia de precios:** Ajustar precios y crear paquetes para enfrentar posibles cambios económicos y atraer a un público más amplio.
  - ⇨ **Marketing digital:** Invertir en campañas de marketing digital para atraer a consumidores jóvenes y concienciados en sostenibilidad.
  - ⇨ **Alianzas locales:** Formar alianzas con otros negocios locales de productos orgánicos para promover el consumo sostenible y crear una red de negocios con intereses comunes.

- ♦ Reflexión final

  Este ejercicio permite a los alumnos ver cómo factores externos pueden influir en su idea de negocio y cómo responder ante estos cambios.

  Al finalizar el análisis, los alumnos deben responder las siguientes preguntas:

1. ¿Qué factores representan el mayor riesgo para el negocio y por qué?
2. ¿Cuáles son las oportunidades más prometedoras en el entorno y cómo piensas aprovecharlas?
3. ¿Qué cambios harías en tu modelo de negocio o propuesta de valor para adaptarte mejor al entorno?

Este ejercicio les da a los alumnos una perspectiva amplia de cómo el entorno impacta en las decisiones empresariales y los prepara para anticiparse a los desafíos que podrían surgir en el desarrollo de su negocio.

3. Análisis de la empresa y el emprendedor.

3.1. Evaluación de recursos y capacidades internas

La evaluación de los recursos y capacidades internas es esencial para entender los puntos fuertes y las áreas de mejora del negocio y del emprendedor. Al analizar los recursos internos, el emprendedor puede identificar aquellas competencias que le permitirán competir eficazmente en el mercado y tomar decisiones estratégicas informadas.

Entre los recursos a evaluar se incluyen el conocimiento, la experiencia, el equipo de trabajo, las habilidades técnicas y las capacidades organizativas.

♦ Tipos de recursos y capacidades internas

1. Conocimiento y experiencia del emprendedor

   El conocimiento y la experiencia son activos intangibles que pueden darle al emprendedor una ventaja competitiva. Esto incluye la experiencia en el sector, el conocimiento de las necesidades del mercado, las competencias técnicas y las habilidades para gestionar un negocio.

   ⇨ **Ejemplo:** Un emprendedor con experiencia previa en el sector de la tecnología podría tener un mejor entendimiento de los procesos de desarrollo de productos y las demandas de los consumidores en ese campo.

   ⇨ **Evaluación:** El emprendedor debe analizar en qué áreas tiene fortalezas y en cuáles podría necesitar ayuda o capacitación adicional. Esto también incluye conocimientos específicos como la gestión de proyectos, ventas y marketing, y administración financiera.

2. Equipo y habilidades del personal

   El equipo de trabajo es un recurso clave para cualquier negocio, ya que las habilidades y competencias del equipo determinan la capacidad de la empresa para ejecutar sus estrategias. Las habilidades del personal pueden incluir áreas como ventas, marketing, tecnología, finanzas y servicio al cliente.

- ⇨ **Ejemplo:** Un equipo de ventas experimentado puede ayudar a la empresa a captar clientes rápidamente, mientras que un equipo de desarrollo de producto con habilidades en innovación puede impulsar la creación de productos únicos.
- ⇨ **Evaluación:** Es importante analizar el perfil y la experiencia de cada miembro del equipo, así como identificar áreas de competencia que podrían requerir entrenamiento o nuevas contrataciones. También es útil considerar el nivel de compromiso y la cultura organizativa para fomentar un ambiente de trabajo motivador.

3. Recursos financieros

Los recursos financieros son el capital disponible para financiar las operaciones, el desarrollo de productos, el marketing y la expansión del negocio. Una sólida base financiera proporciona seguridad y flexibilidad, permitiendo a la empresa invertir en crecimiento y responder a oportunidades o desafíos.

- ⇨ **Ejemplo:** Una empresa con acceso a financiamiento puede lanzar una campaña de marketing robusta, mientras que una empresa con recursos limitados debe buscar alternativas más económicas.
- ⇨ **Evaluación:** El emprendedor debe calcular la cantidad de recursos financieros disponibles, identificar fuentes de financiamiento adicionales si es necesario y desarrollar un presupuesto para optimizar el uso de los fondos.

4. Recursos tecnológicos y de infraestructura

Los recursos tecnológicos incluyen el equipo, las herramientas y los sistemas necesarios para operar el negocio de manera eficiente. Dependiendo del sector, estos pueden incluir maquinaria, software, hardware, sistemas de comunicación y plataformas digitales.

- ⇨ **Ejemplo:** Un negocio de e-commerce necesita una plataforma de ventas en línea, un sistema de gestión de inventario y un método de pago seguro. Sin estos recursos, la operación del negocio se vería limitada.

- ⇨ **Evaluación:** Identificar qué tecnologías o herramientas son imprescindibles para el negocio y evaluar si los recursos actuales cubren esas necesidades. También se debe considerar la posibilidad de actualizar o ampliar estos recursos conforme el negocio crezca.

5. Redes y contactos

   Las relaciones profesionales y redes de contacto son recursos valiosos que pueden facilitar el acceso a clientes, proveedores, socios y posibles inversores. Estas conexiones pueden abrir puertas y proporcionar apoyo estratégico o financiero.

   - ⇨ **Ejemplo:** Un emprendedor con una red de contactos sólida puede tener acceso a posibles inversores o expertos en la industria que puedan ofrecer asesoramiento o colaboraciones estratégicas.
   - ⇨ **Evaluación:** Evaluar la red de contactos actual y buscar oportunidades para ampliarla. Participar en eventos, asociaciones empresariales o comunidades en línea relacionadas con el sector puede ayudar a fortalecer este recurso.

6. Capacidades organizativas

   Las capacidades organizativas son las habilidades de la empresa para coordinar y optimizar sus recursos y procesos. Esto incluye la gestión de proyectos, la comunicación interna, la planificación estratégica y la cultura empresarial.

   - ⇨ **Ejemplo:** Una empresa con capacidades organizativas sólidas puede gestionar eficientemente sus procesos, adaptarse a cambios y aprovechar oportunidades de crecimiento sin desorganización.
   - ⇨ **Evaluación:** Es importante revisar los sistemas y procesos internos y ver si la organización está estructurada de manera eficiente para manejar las operaciones y el crecimiento. Esto puede incluir la capacidad de manejar inventarios, la eficiencia de los procesos de trabajo y la flexibilidad para adaptarse a cambios en el mercado.

Pasos para evaluar los recursos y capacidades internas

1. **Listar los recursos disponibles**
Crea un inventario de los recursos y capacidades internas que están disponibles actualmente en la empresa. Incluye tanto recursos tangibles (financieros, tecnológicos) como intangibles (experiencia, habilidades, redes de contacto).

2. **Evaluar la fortaleza de cada recurso**
Analiza cada recurso y determina su fortaleza o debilidad en función de las necesidades del negocio. Por ejemplo, un recurso fuerte podría ser una red de contactos extensa, mientras que una debilidad podría ser la falta de experiencia en marketing.

3. **Identificar áreas de mejora**
Con base en la evaluación, identifica áreas que podrían necesitar fortalecerse. Esto puede incluir contratar a un experto, mejorar la capacitación del equipo o buscar financiamiento adicional para tener mayor seguridad financiera.

4. **Desarrollar un plan para optimizar los recursos**
Una vez identificadas las áreas de mejora, elabora un plan de acción. Esto puede incluir estrategias para mejorar las competencias del equipo, buscar herramientas tecnológicas o reforzar la red de contactos.

5. **Monitorear y ajustar**
La evaluación de los recursos y capacidades internas debe ser un proceso continuo. A medida que el negocio crece o el entorno cambia, es necesario monitorear estos recursos y ajustarlos según sea necesario.

♦ Ejemplo práctico de evaluación de recursos para una tienda de productos ecológicos

1. **Conocimiento y experiencia del emprendedor:**

   ⇨ **Fortaleza:** El emprendedor tiene experiencia en el sector de productos ecológicos y conocimiento sobre el mercado y la cadena de suministro.

   ⇨ **Área de mejora:** Carece de experiencia en marketing digital.

   ⇨ **Plan de acción:** El emprendedor podría tomar cursos de marketing digital o contratar a un especialista en redes sociales para aumentar la visibilidad en línea.

2. **Equipo y habilidades del personal:**
   - **Fortaleza:** La tienda cuenta con un equipo comprometido con la misión de la empresa.
   - **Área de mejora:** Falta un especialista en atención al cliente.
   - **Plan de acción:** Capacitar al equipo en técnicas de atención al cliente o contratar a alguien con experiencia en el área para mejorar la relación con los clientes.
3. **Recursos financieros:**
   - **Fortaleza:** La tienda tiene un presupuesto inicial adecuado y cuenta con algunos ahorros.
   - **Área de mejora:** Se necesitarán fondos adicionales para expandir el inventario o lanzar campañas de marketing.
   - **Plan de acción:** Explorar opciones de financiamiento, como préstamos bancarios o inversionistas interesados en negocios ecológicos.
4. **Recursos tecnológicos y de infraestructura:**
   - **Fortaleza:** La tienda tiene una plataforma de e-commerce y un sistema básico de gestión de inventarios.
   - **Área de mejora:** La plataforma de e-commerce necesita mejoras para incluir métodos de pago adicionales y una mejor experiencia de usuario.
   - **Plan de acción:** Invertir en mejorar la plataforma de e-commerce para hacerla más intuitiva y agregar nuevas opciones de pago.
5. **Redes y contactos:**
   - **Fortaleza:** El emprendedor tiene relaciones con algunos proveedores de productos ecológicos.
   - **Área de mejora:** Ampliar la red de contactos con posibles socios locales y de la industria.
   - **Plan de acción:** Participar en ferias de productos ecológicos, eventos de networking y asociaciones de la industria para fortalecer las conexiones.

6. **Capacidades organizativas:**

- ⇨ **Fortaleza:** La tienda tiene procesos básicos bien establecidos para el manejo de inventario y atención en tienda.
- ⇨ **Área de mejora:** Falta de un sistema de gestión de clientes.
- ⇨ **Plan de acción:** Implementar un software CRM (Customer Relationship Management) para mejorar la gestión de las relaciones con los clientes y personalizar las comunicaciones.

La evaluación de recursos y capacidades internas permite al emprendedor tener una visión clara de sus fortalezas y de las áreas en las que debe mejorar para alcanzar el éxito. Al realizar este análisis, el emprendedor puede tomar decisiones estratégicas informadas que ayudarán a optimizar el negocio y a desarrollar una propuesta de valor más competitiva.

3.2. Fuerzas y debilidades del emprendedor y la empresa

Conocer las fuerzas y debilidades del emprendedor y de la empresa es fundamental para maximizar las oportunidades de éxito. Este análisis permite identificar los aspectos que se deben potenciar y aquellos que necesitan mejorarse o complementarse. Las fortalezas y debilidades pueden estar relacionadas con las habilidades personales, los recursos de la empresa, el conocimiento del mercado o la capacidad de adaptarse a los cambios.

- ♦ ¿Qué son las fuerzas y debilidades?
  - ⇨ **Fuerzas (fortalezas):** Son las características y recursos internos que proporcionan una ventaja competitiva o facilitan el éxito del negocio. Pueden incluir habilidades personales del emprendedor, competencias del equipo, recursos financieros sólidos, una red de contactos amplia, etc.
  - ⇨ **Debilidades:** Son las limitaciones internas que pueden impedir o dificultar el crecimiento y éxito del negocio. Estas pueden incluir falta de experiencia, limitaciones en recursos financieros, falta de habilidades en ciertas áreas, entre otros.

♦ Evaluación de las fuerzas y debilidades del emprendedor

1. Habilidades y experiencia

   Las habilidades y experiencia del emprendedor son activos clave que influyen en el éxito de la empresa. Las competencias en áreas como liderazgo, comunicación, ventas, marketing, finanzas y operaciones juegan un papel importante en la dirección del negocio.

   ⇨ **Ejemplo de fortaleza:** Un emprendedor con experiencia en ventas y habilidades de comunicación sobresalientes podrá captar clientes y negociar acuerdos más fácilmente.

   ⇨ **Ejemplo de debilidad:** Un emprendedor sin conocimientos financieros podría tener dificultades para gestionar adecuadamente los recursos del negocio.

   ⇨ **Consejo:** Identificar las habilidades y experiencia que ya posee y aquellas en las que necesita mejorar o buscar apoyo. El emprendedor puede tomar cursos o considerar la contratación de asesores en áreas en las que carezca de experiencia.

2. Liderazgo y motivación

   La capacidad del emprendedor para liderar y motivar a su equipo es fundamental para el éxito del negocio. Un liderazgo efectivo ayuda a crear una cultura de trabajo positiva, mejorar la productividad y aumentar la satisfacción del equipo.

   ⇨ **Ejemplo de fortaleza:** Un emprendedor con habilidades de liderazgo inspiradoras y una visión clara del negocio puede motivar a su equipo a trabajar hacia objetivos comunes.

   ⇨ **Ejemplo de debilidad:** La falta de habilidades de liderazgo podría generar desmotivación y falta de cohesión en el equipo.

   ⇨ **Consejo:** Trabajar en desarrollar un estilo de liderazgo efectivo, comunicativo y orientado a los objetivos del negocio. Participar en talleres o leer sobre liderazgo puede ser de gran ayuda.

3. Red de contactos y relaciones

   Una red de contactos sólida puede abrir puertas a oportunidades de colaboración, financiamiento y adquisición de clientes. Las relaciones profesionales, tanto dentro como fuera del sector, ayudan a fortalecer el negocio y a mejorar su posicionamiento.

   - ⇨ **Ejemplo de fortaleza:** Un emprendedor con una red de contactos amplia puede acceder a nuevos clientes, proveedores y socios de manera rápida y efectiva.
   - ⇨ **Ejemplo de debilidad:** La falta de contactos en el sector podría dificultar la obtención de clientes o el desarrollo de alianzas estratégicas.
   - ⇨ **Consejo:** Asistir a eventos de networking, ferias comerciales y unirse a asociaciones de la industria para construir y fortalecer la red de contactos.

4. Capacidad de adaptación y resiliencia

   La resiliencia y la adaptabilidad son cualidades esenciales en un entorno empresarial en constante cambio. Los emprendedores resilientes pueden enfrentar desafíos sin perder el enfoque y ajustarse rápidamente a nuevas condiciones.

   - ⇨ **Ejemplo de fortaleza:** Un emprendedor resiliente que pueda adaptarse a los cambios del mercado podrá manejar crisis y ajustes sin perder la visión del negocio.
   - ⇨ **Ejemplo de debilidad:** La falta de adaptabilidad o resistencia al cambio puede limitar el crecimiento del negocio en un entorno cambiante.
   - ⇨ **Consejo:** Trabajar en desarrollar una mentalidad abierta y flexible que permita hacer frente a las dificultades de manera positiva y aprovechar las oportunidades que surjan.

♦ Evaluación de las fuerzas y debilidades de la empresa

1. Propuesta de valor y diferenciación

   La propuesta de valor es el elemento que distingue a la empresa en el mercado.

Una propuesta de valor fuerte atrae a los clientes y da una ventaja sobre la competencia.

- ⇨ **Ejemplo de fortaleza:** Una propuesta de valor única y clara que resalte beneficios como sostenibilidad, personalización o tecnología avanzada.
- ⇨ **Ejemplo de debilidad:** Una propuesta de valor poco definida o que no resuene con el público objetivo, lo que dificulta la diferenciación.
- ⇨ **Consejo:** Asegurarse de que la propuesta de valor sea clara, relevante y se comunique eficazmente a los clientes. Evaluar si es necesario ajustarla para destacar mejor en el mercado.

2. Recursos financieros y control de costos

La disponibilidad de recursos financieros suficientes es crucial para el funcionamiento y crecimiento del negocio. La capacidad de gestionar los costos y maximizar el uso de los fondos disponibles también influye en el éxito de la empresa.

- ⇨ **Ejemplo de fortaleza:** Tener un flujo de caja estable y una buena planificación financiera que permita cubrir gastos y financiar la expansión.
- ⇨ **Ejemplo de debilidad:** Recursos financieros limitados o falta de control en los costos, lo cual puede impedir el crecimiento y generar problemas de liquidez.
- ⇨ **Consejo:** Desarrollar un plan financiero sólido que incluya un presupuesto detallado y estrategias para optimizar los gastos. Buscar financiamiento adicional si es necesario para fortalecer la base económica del negocio.

3. Capacidades tecnológicas

Las capacidades tecnológicas permiten a la empresa operar de manera eficiente, mejorar la experiencia del cliente y mantener la competitividad en un mercado digital.

- ⇨ **Ejemplo de fortaleza:** Contar con una plataforma de e-commerce de última generación, herramientas de gestión de inventarios o un CRM para la gestión de clientes.
- ⇨ **Ejemplo de debilidad:** Falta de presencia digital o herramientas tecnológicas, lo que limita la capacidad de competir en un mercado digitalizado.
- ⇨ **Consejo:** Evaluar las necesidades tecnológicas del negocio y considerar invertir en tecnología que optimice las operaciones, mejore la experiencia del cliente y fortalezca la competitividad.

4. Calidad del equipo y cultura organizativa

   Un equipo competente y una cultura organizativa sólida son esenciales para el éxito de la empresa. Un equipo talentoso y motivado contribuye al crecimiento y productividad del negocio.

   - ⇨ **Ejemplo de fortaleza:** Un equipo comprometido, con habilidades diversas y que comparte la visión y valores de la empresa.
   - ⇨ **Ejemplo de debilidad:** Alta rotación de personal o falta de habilidades específicas dentro del equipo, lo que puede afectar la consistencia y el crecimiento.
   - ⇨ **Consejo:** Invertir en la formación del equipo y en la creación de una cultura organizativa positiva. Asegurarse de contratar personas cuyas habilidades complementen las necesidades del negocio.

5. Reconocimiento de marca y reputación

   La marca y la reputación son activos intangibles que pueden diferenciar a la empresa en el mercado. Una marca reconocida y respetada facilita la captación de clientes y mejora la lealtad del cliente.

   - ⇨ **Ejemplo de fortaleza:** Una marca bien posicionada en el mercado y con una reputación de calidad y confiabilidad.
   - ⇨ **Ejemplo de debilidad:** Falta de reconocimiento o una reputación débil que puede dificultar la captación de nuevos clientes.

- ⇨ **Consejo:** Trabajar en construir una identidad de marca sólida y en estrategias de marketing que aumenten el reconocimiento y la reputación de la empresa.

- Ejemplo de análisis de fuerzas y debilidades para un negocio de servicios de diseño gráfico

  - ⇨ **Fuerzas del emprendedor:**
    - Experiencia en diseño gráfico y creatividad innovadora.
    - Habilidades de comunicación efectivas que facilitan la comprensión de las necesidades del cliente.
    - Red de contactos en la industria creativa, lo que facilita la captación de nuevos clientes.
  - ⇨ **Debilidades del emprendedor:**
    - Falta de experiencia en gestión financiera y contabilidad.
    - Necesidad de mejorar las habilidades de ventas y negociación.
  - ⇨ **Fuerzas de la empresa:**
    - Propuesta de valor clara, enfocada en diseño gráfico sostenible y personalizado.
    - Presencia en redes sociales que facilita la visibilidad de la marca.
    - Un equipo pequeño, pero con alta experiencia y compromiso.
  - ⇨ **Debilidades de la empresa:**
    - Recursos financieros limitados, lo que dificulta la inversión en campañas de marketing a gran escala.
    - Falta de herramientas tecnológicas avanzadas para gestión de proyectos y seguimiento de clientes.

Identificar las fuerzas y debilidades del emprendedor y de la empresa permite tener una visión más completa del potencial y de las áreas que deben ser fortalecidas.

Al conocer las fortalezas, el emprendedor puede potenciar aquellos aspectos que aumentan la competitividad. Por otro lado, el reconocimiento de las debilidades permite crear estrategias para mitigarlas, ya sea mediante capacitación, mejoras en el equipo o la adquisición de nuevos recursos, asegurando así un camino más sólido hacia el éxito.

3.3. Análisis de la estructura organizativa

La estructura organizativa es la manera en que se distribuyen las funciones, responsabilidades y jerarquías dentro de una empresa. Definir una estructura adecuada es esencial para el funcionamiento eficiente del negocio, ya que permite asignar tareas de manera clara, optimizar la comunicación y mejorar la productividad. La estructura organizativa ideal dependerá del tamaño del negocio, de sus objetivos y del tipo de actividades que realiza.

- Importancia de una estructura organizativa bien definida

Una estructura organizativa bien planificada permite a la empresa:

- ⇨ **Mejorar la eficiencia:** Al asignar funciones específicas, cada miembro del equipo sabe cuáles son sus responsabilidades y tareas, lo que facilita el flujo de trabajo.
- ⇨ **Optimizar la comunicación:** La estructura organizativa clarifica las líneas de comunicación, evitando malentendidos y mejorando la coordinación entre áreas.
- ⇨ **Facilitar la toma de decisiones:** Una jerarquía clara permite que las decisiones se tomen rápidamente y que cada área tenga autonomía dentro de sus funciones.
- ⇨ **Fomentar el crecimiento y la adaptación:** A medida que el negocio crece, la estructura organizativa puede ajustarse para adaptarse a los nuevos objetivos y desafíos.

- Tipos de estructura organizativa y cuándo elegir cada uno

1. Estructura simple o lineal

   - ⇨ **Características:** Es una estructura básica y flexible, donde el emprendedor o el dueño de la empresa tiene el control total sobre las decisiones y los empleados. Todos reportan directamente al dueño o al gerente.

- **Ventajas:** Es sencilla de gestionar y facilita la toma de decisiones rápida. Ideal para pequeñas empresas con un equipo reducido.
- **Desventajas:** A medida que la empresa crece, esta estructura puede volverse ineficaz, ya que recarga al dueño o gerente con demasiadas tareas de supervisión.
- **Cuándo utilizarla:** Para negocios pequeños o startups en sus etapas iniciales, donde el fundador puede estar directamente involucrado en todas las áreas, desde la producción hasta las ventas.

2. Estructura funcional

- **Características:** Los empleados se organizan según áreas o funciones específicas, como ventas, marketing, finanzas y producción. Cada área tiene un líder o responsable que supervisa a su equipo y reporta al dueño o al director.
- **Ventajas:** Esta estructura permite especialización, ya que cada área se enfoca en una función específica. Facilita el desarrollo de habilidades y eficiencia en cada departamento.
- **Desventajas:** Puede generar problemas de comunicación entre áreas, ya que cada departamento tiende a trabajar de manera independiente.
- **Cuándo utilizarla:** Para empresas de tamaño mediano con funciones bien definidas y un equipo suficiente para dividirse en departamentos específicos.

3. Estructura divisional

- **Características:** En esta estructura, la empresa se divide en divisiones o unidades que funcionan de forma semi-independiente. Cada división puede estar organizada en torno a un producto, una región geográfica o un cliente específico, y cuenta con su propio equipo de ventas, marketing, finanzas, etc.
- **Ventajas:** Permite que cada división se enfoque en su mercado específico, facilitando la adaptación y respuesta a las necesidades de ese mercado.

- ⇨ **Desventajas:** Requiere mayor cantidad de recursos y puede ser costosa, ya que se duplican funciones en cada división.
- ⇨ **Cuándo utilizarla:** Para empresas de mayor tamaño que operan en diferentes mercados, ofrecen múltiples productos o están presentes en distintas regiones.

4. Estructura matricial

- ⇨ **Características:** Esta estructura combina la estructura funcional y la divisional. Los empleados pueden pertenecer a un departamento funcional (por ejemplo, marketing) pero también trabajar en proyectos o productos específicos, reportando a ambos responsables.
- ⇨ **Ventajas:** Promueve la colaboración y el uso eficiente de los recursos, permitiendo que el equipo trabaje en diferentes proyectos simultáneamente.
- ⇨ **Desventajas:** Puede crear confusión, ya que los empleados tienen más de un supervisor. Esto requiere una comunicación eficaz y coordinación.
- ⇨ **Cuando utilizarla:** Para empresas que gestionan múltiples proyectos o productos al mismo tiempo y necesitan colaboración constante entre departamentos.

♦ Pasos para definir la estructura organizativa adecuada

1. Evaluar el tamaño y recursos del negocio

- ⇨ Analiza el tamaño de la empresa, el número de empleados y los recursos disponibles. Las empresas pequeñas tienden a ser más eficientes con estructuras simples o funcionales, mientras que las empresas más grandes pueden necesitar estructuras divisionales o matriciales para gestionar varias áreas y proyectos.

2. Definir las funciones y objetivos clave

- ⇨ lOdentifica las funciones esenciales que necesita el negocio para alcanzar sus objetivos, como ventas, marketing, producción y atención al cliente. Tener claridad en las funciones facilita la organización y permite asignar roles específicos para cada área.

3. Determinar el grado de especialización necesario

   ⇨ Evalúa si las actividades del negocio requieren personal especializado en ciertas áreas. Si el negocio necesita experiencia técnica o tareas especializadas (por ejemplo, tecnología o finanzas), puede ser necesario establecer una estructura funcional con departamentos dedicados.

4. Considerar el estilo de liderazgo y gestión

   ⇨ La estructura debe alinearse con el estilo de liderazgo del emprendedor. Si el emprendedor prefiere tener un control cercano de todas las operaciones, una estructura simple o funcional es adecuada. Si prefiere delegar y que cada área tenga autonomía, puede optar por una estructura divisional o matricial.

5. Analizar las necesidades de comunicación y coordinación

   ⇨ Determina la frecuencia y complejidad de la comunicación entre los diferentes equipos. Si los proyectos requieren interacción continua entre áreas, la estructura matricial puede facilitar esta comunicación. Si cada área puede operar de manera independiente, una estructura funcional o divisional puede ser más eficiente.

6. Diseñar un organigrama básico

   ⇨ Visualiza la estructura organizativa en un organigrama, que muestra las relaciones de supervisión y las áreas clave. Esto ayuda a clarificar los roles y facilita que todos los miembros del equipo comprendan sus responsabilidades.

♦ Ejemplo de estructura organizativa para una pequeña empresa de marketing digital

1. **Contexto del negocio:**

   ⇨ Una agencia de marketing digital con 10 empleados, que ofrece servicios de diseño gráfico, gestión de redes sociales, campañas de publicidad en línea y optimización SEO.

2. **Estructura recomendada:** Funcional

   ⇨ **Justificación:** Dado el tamaño de la empresa y la especialización de cada área de servicio, una estructura funcional permite organizar el equipo en áreas específicas, optimizando sus habilidades en cada función.

   ⇨ **Organigrama básico:**

   - **Gerente general:** Responsable de la toma de decisiones y supervisión de todas las áreas.
   - **Departamento de diseño gráfico:** Diseñadores encargados de crear contenido visual para clientes.
   - **Departamento de redes sociales:** Especialistas en gestión de redes sociales que crean y programan publicaciones.
   - **Departamento de publicidad en línea:** Especialistas en campañas publicitarias de Google Ads, Facebook Ads y otros.
   - **Departamento de SEO:** Especialistas en optimización de motores de búsqueda para mejorar el posicionamiento web de los clientes.

♦ Ejemplo de estructura organizativa para una empresa de moda con tiendas físicas y en línea

1. **Contexto del negocio:**

   ⇨ Una empresa de moda con tiendas físicas en distintas ciudades y una tienda en línea. La empresa cuenta con 50 empleados.

2. **Estructura recomendada:** Divisional

   ⇨ **Justificación:** Dado que la empresa opera tanto en tiendas físicas como en línea, una estructura divisional permite dividir las operaciones en dos unidades: una para el comercio físico y otra para el comercio en línea, lo que facilita la adaptación a las necesidades de cada canal.

   ⇨ **Organigrama básico:**

   - **Director general:** Supervisión de ambas divisiones.
   - **División de tiendas físicas:** Incluye gerentes de tienda, equipo de ventas y logística para cada tienda.

- **División de comercio en línea:** Equipo de marketing digital, atención al cliente en línea, gestión de inventario y logística para envíos.

La estructura organizativa adecuada permite a la empresa operar de manera más eficiente, coordinar tareas y responder mejor a las necesidades del mercado. Una estructura bien definida ayuda al emprendedor y al equipo a trabajar de forma alineada y facilita el crecimiento y la adaptación del negocio en el futuro. Al evaluar los objetivos, tamaño y recursos de la empresa, el emprendedor puede elegir la estructura que mejor se adapte a las necesidades actuales y a los planes de expansión.

3.4. Desarrollo de capacidades

Para tener éxito en el emprendimiento, es crucial que el emprendedor y su equipo posean habilidades y conocimientos en áreas clave del negocio. Sin embargo, es común que al iniciar un proyecto existan áreas en las que se necesite mejorar. El desarrollo de capacidades implica identificar estas áreas y trabajar en ellas, ya sea mediante capacitación, contratación de expertos o alianzas estratégicas.

- Importancia del desarrollo de capacidades

Desarrollar habilidades y conocimientos específicos permite al emprendedor:

- **Adaptarse al cambio:** En un entorno empresarial dinámico, contar con habilidades actualizadas es esencial para responder rápidamente a los cambios del mercado y a las necesidades de los clientes.
- **Aumentar la competitividad:** Las capacidades sólidas mejoran la capacidad de la empresa para destacarse frente a la competencia.
- **Optimizar la gestión del negocio:** Un emprendedor capacitado es capaz de tomar decisiones informadas y gestionar su empresa de manera más eficiente.
- **Mejorar la satisfacción del cliente:** Tener las competencias adecuadas asegura que el negocio pueda ofrecer productos o servicios de alta calidad y satisfacer las expectativas de los clientes.

♦ Pasos para identificar áreas de mejora en habilidades y conocimientos

1. Realizar un autoanálisis honesto

   El primer paso es realizar una evaluación honesta de las propias habilidades, experiencias y conocimientos. Esto incluye analizar tanto las competencias técnicas como las habilidades personales, como el liderazgo y la comunicación.

   ⇨ **Ejemplo de pregunta para autoanálisis:** ¿Tengo suficiente experiencia en el área clave de mi negocio? ¿Conozco las herramientas y tecnologías necesarias para mi sector? ¿Soy capaz de gestionar eficientemente el tiempo y los recursos?

2. Evaluar las necesidades del negocio

   Cada negocio requiere habilidades específicas, ya sea en marketing, ventas, finanzas, tecnología o gestión. Es fundamental identificar las competencias necesarias para gestionar cada área del negocio y analizar si se poseen actualmente o si es necesario desarrollarlas.

   ⇨ **Ejemplo:** Una tienda en línea necesita conocimientos en e-commerce, marketing digital, gestión de inventarios y logística. Si el emprendedor carece de experiencia en estas áreas, puede ser necesario buscar capacitación en plataformas de e-commerce y marketing digital.

3. Solicitar feedback de personas externas

   Pedir la opinión de colegas, mentores, socios o expertos en el sector puede proporcionar una perspectiva externa que ayude a identificar áreas de mejora que tal vez el emprendedor no haya considerado.

   ⇨ **Ejemplo:** Un emprendedor podría preguntar a un mentor qué habilidades considera fundamentales para el éxito en el sector. A partir de esta conversación, podría darse cuenta de la importancia de adquirir conocimientos en liderazgo o administración financiera.

4. Revisar tendencias y avances en la industria

   Los sectores y las tecnologías cambian rápidamente. Analizar las tendencias y avances en la industria ayuda a identificar competencias emergentes que podrían ser necesarias para mantenerse competitivo.

- ⇨ **Ejemplo:** Un emprendedor en el sector de la tecnología debe estar al tanto de los avances en inteligencia artificial y aprendizaje automático. Si no está familiarizado con estos temas, puede ser útil capacitarse en ellos para aplicarlos en su negocio.

5. Identificar habilidades “blandas” y “duras”

   Las habilidades “duras” son competencias técnicas específicas, mientras que las “blandas” son habilidades interpersonales y de gestión, como la comunicación y el liderazgo. Es importante que el emprendedor identifique cuáles necesita desarrollar en ambas categorías.

   - ⇨ **Ejemplo de habilidades “duras”:** Conocimientos en contabilidad, manejo de software de gestión de proyectos, análisis de datos.

   - ⇨ **Ejemplo de habilidades “blandas”:** Habilidades de negociación, gestión del tiempo, resolución de conflictos, capacidad de adaptación.

6. Utilizar herramientas de evaluación de habilidades

   Existen herramientas y evaluaciones que ayudan a identificar fortalezas y áreas de mejora. Tests de habilidades empresariales, evaluaciones de liderazgo o análisis de competencias pueden ser útiles para identificar carencias y establecer un plan de desarrollo.

   - ⇨ **Ejemplo de herramientas:** Test de competencias de emprendimiento, evaluaciones de liderazgo como Myers-Briggs (MBTI) o DiSC, y plataformas de autoevaluación de habilidades como LinkedIn Learning.

- ♦ Áreas comunes de mejora para los emprendedores

1. Gestión financiera y contabilidad

   La gestión financiera es fundamental para la sostenibilidad del negocio. Muchos emprendedores tienen poca experiencia en este campo, lo cual puede llevar a problemas de flujo de caja, presupuestos mal elaborados o decisiones financieras erróneas.

   - ⇨ **Estrategia de mejora:** Tomar cursos de finanzas básicas para emprendedores, utilizar software de contabilidad o buscar el asesoramiento de un contador.

2. Marketing y ventas

   El marketing y las ventas son esenciales para captar clientes y generar ingresos. Sin embargo, algunos emprendedores pueden carecer de conocimientos en marketing digital, estrategias de ventas o comunicación efectiva.

   ⇨ **Estrategia de mejora:** Inscribirse en cursos de marketing digital, ventas y redes sociales. También puede ser útil contratar a un especialista o consultor en marketing para diseñar las primeras campañas y aprender de su experiencia.

3. Habilidades de liderazgo y gestión de equipos

   El liderazgo es una habilidad crucial para motivar al equipo y lograr los objetivos del negocio. Un emprendedor que carezca de habilidades de liderazgo podría enfrentar problemas de cohesión y productividad en el equipo.

   ⇨ **Estrategia de mejora:** Participar en talleres de liderazgo, estudiar técnicas de motivación y comunicación, y buscar un mentor en liderazgo que pueda proporcionar guía y apoyo.

4. Planificación estratégica y toma de decisiones

   La capacidad de planificar y tomar decisiones estratégicas afecta directamente el rumbo del negocio. Muchos emprendedores se enfocan en el día a día y olvidan planificar a largo plazo.

   ⇨ **Estrategia de mejora:** Tomar cursos sobre planificación estratégica y aprender técnicas de toma de decisiones. Establecer metas a corto, medio y largo plazo para tener una visión clara del crecimiento del negocio.

5. Adaptabilidad y resiliencia

   Emprender es un proceso lleno de retos e incertidumbre, y es importante que el emprendedor tenga la capacidad de adaptarse y perseverar ante las dificultades. La falta de resiliencia puede llevar a una mayor frustración y desgaste.

- ⇨ **Estrategia de mejora:** Practicar técnicas de mindfulness y gestión del estrés, leer sobre resiliencia y adaptabilidad, y rodearse de una red de apoyo para sobrellevar los momentos difíciles.

6. Conocimiento de la tecnología y herramientas digitales

   En el mundo actual, el dominio de la tecnología es casi indispensable para el crecimiento de un negocio. Desde la gestión de redes sociales hasta el uso de software de análisis de datos, las herramientas digitales optimizan la operación y la eficiencia de la empresa.

   - ⇨ **Estrategia de mejora:** Familiarizarse con herramientas tecnológicas como CRMs, plataformas de e-commerce, software de contabilidad y gestión de proyectos. Explorar cursos en línea sobre tecnología y automatización para mejorar la eficiencia operativa.

- ♦ Ejemplo práctico de desarrollo de capacidades para un emprendedor en el sector de alimentación saludable

1. **Autoevaluación:**
   - ⇨ El emprendedor tiene conocimientos sólidos sobre nutrición, pero carece de experiencia en gestión financiera y marketing digital.
2. **Identificación de áreas de mejora:**
   - ⇨ **Finanzas:** Necesita aprender sobre contabilidad básica y flujo de caja para gestionar los recursos del negocio.
   - ⇨ **Marketing digital:** Le falta experiencia en redes sociales y estrategias de captación de clientes en línea.
   - ⇨ **Liderazgo:** Como planea contratar a un pequeño equipo, necesita mejorar sus habilidades de liderazgo y gestión de personas.
3. **Estrategia de desarrollo de capacidades:**
   - ⇨ **Cursos de finanzas:** Inscribirse en un curso en línea de finanzas para emprendedores que cubra temas de flujo de caja, presupuestos y contabilidad básica.

- ⇨ **Capacitación en marketing digital:** Participar en talleres de marketing en redes sociales y aprender a usar plataformas de anuncios en Facebook e Instagram.
- ⇨ **Mentoría en liderazgo:** Buscar un mentor o asistir a talleres de liderazgo para desarrollar habilidades de comunicación y motivación de equipos.

4. **Plan de acción y seguimiento:**

   - ⇨ Establecer un plan de capacitación con plazos específicos para cada área y revisar los avances de manera regular. Por ejemplo, dedicar 2 horas semanales a los cursos en línea y aplicar las nuevas técnicas de marketing en la estrategia de redes sociales del negocio.

El desarrollo de capacidades es un proceso continuo que permite al emprendedor adaptarse, mejorar su competitividad y alcanzar sus metas de manera más eficiente. Al identificar las áreas de mejora y trabajar activamente en ellas, el emprendedor fortalece tanto sus habilidades como la posición de su negocio en el mercado.

La capacitación, la búsqueda de asesoría y el aprendizaje constante son componentes clave para el crecimiento y éxito en el mundo del emprendimiento.

4. DAFO

4.1. Concepto y estructura del DAFO

El análisis DAFO (también conocido como FODA o SWOT, por sus siglas en inglés) es una herramienta de planificación estratégica que permite a las empresas y emprendedores evaluar los factores internos y externos que afectan al negocio.

El análisis se divide en cuatro componentes principales: Debilidades, Amenazas, Fortalezas y Oportunidades. Esta herramienta ayuda a identificar aspectos positivos y negativos tanto dentro de la organización como en su entorno, facilitando la toma de decisiones estratégicas.

♦ Componentes del análisis DAFO

El análisis DAFO se estructura en dos categorías principales: factores internos (fortalezas y debilidades) y factores externos (oportunidades y amenazas).

1. Factores internos

Estos elementos son específicos de la empresa y pueden controlarse o modificarse en función de las decisiones que se tomen. Los factores internos están divididos en:

⇨ **Fortalezas:** Son los recursos, capacidades y atributos positivos de la empresa que le otorgan una ventaja competitiva o que contribuyen a su éxito. Las fortalezas pueden incluir habilidades específicas, tecnología avanzada, una propuesta de valor única, una buena reputación de marca o un equipo experimentado.

➤ **Ejemplo de fortaleza:** Una empresa de tecnología con un equipo de desarrolladores altamente capacitados y experiencia en innovación tiene una fortaleza en su capacidad para lanzar productos avanzados y de alta calidad.

⇨ **Debilidades:** Son las limitaciones o deficiencias internas que pueden impedir el crecimiento o el éxito de la empresa. Las debilidades incluyen carencias de recursos, falta de habilidades, una marca débil o problemas organizativos.

➤ **Ejemplo de debilidad:** Una startup con recursos financieros limitados y sin experiencia en marketing podría tener dificultades para captar clientes de manera eficaz.

2. Factores externos

Estos factores son externos a la organización y no pueden controlarse directamente, pero se pueden monitorear y aprovechar o mitigar según su impacto. Los factores externos se dividen en:

- **Oportunidades:** Son los factores externos que presentan posibilidades de crecimiento, mejora o ventaja competitiva para la empresa. Pueden incluir cambios en el mercado, tendencias emergentes, avances tecnológicos, cambios en las políticas gubernamentales o necesidades no satisfechas de los clientes.

  - **Ejemplo de oportunidad:** Un aumento en la demanda de productos ecológicos puede ser una oportunidad para una empresa que fabrica envases biodegradables, ya que le permite expandir su mercado.

- **Amenazas:** Son los factores externos que representan riesgos o desafíos para el negocio. Las amenazas pueden incluir competencia intensa, cambios económicos, nuevas regulaciones, fluctuaciones en los precios de las materias primas o cambios en los hábitos de consumo.

  - **Ejemplo de amenaza:** La entrada de una gran multinacional en el mercado local puede ser una amenaza para una pequeña empresa que vende productos de alimentación, ya que puede enfrentar una mayor competencia y la pérdida de cuota de mercado.

- Estructura de un análisis DAFO

Para realizar un análisis DAFO completo, cada uno de los componentes se organiza en una matriz de cuatro cuadrantes. Este formato visual ayuda a tener una visión clara y comparativa de los factores internos y externos que afectan al negocio.

- Ejemplo de análisis DAFO para una tienda de ropa sostenible

DAFO	
FACTORES INTERNOS	**FACTORES EXTERNOS**
FORTALEZAS	**OPORTUNIDADES**
•Propuesta de valor única que destaca por la sostenibilidad y el diseño de alta calidad. •Relaciones sólidas con proveedores de materiales ecológicos. •Buen reconocimiento de marca entre clientes que valoran el consumo responsable.	•Aumento en la demanda de moda sostenible y productos amigables con el medio ambiente. •Posibilidad de expandir las ventas en línea para llegar a más clientes. •Programas gubernamentales de apoyo a negocios ecológicos, que podrían ofrecer incentivos fiscales.
DEBILIDADES	**AMENAZA**
•Precios más altos en comparación con la competencia, lo que limita el acceso a ciertos segmentos del mercado. •Presencia limitada en redes sociales y falta de experiencia en marketing digital. •Falta de infraestructura para escalabilidad rápida.	•Alta competencia de grandes marcas que empiezan a lanzar líneas de ropa "eco-friendly." •Cambios en la economía que podrían afectar el poder adquisitivo de los clientes y reducir la demanda de productos premium. •Aumento en los costos de las materias primas debido a la escasez de algunos materiales sostenibles.

♦ Cómo utilizar el análisis DAFO en la toma de decisiones

1. **Maximizar las fortalezas:** Identifica cómo las fortalezas pueden aprovecharse para mejorar la posición de la empresa en el mercado. Por ejemplo, si una fortaleza es la experiencia del equipo, podría aprovecharse para lanzar productos innovadores que satisfagan las necesidades del mercado.

2. **Convertir las debilidades en fortalezas:** Desarrolla estrategias para mejorar o mitigar las debilidades. Esto podría incluir capacitar al equipo, obtener financiamiento adicional o implementar mejoras en la gestión de procesos.

3. **Aprovechar las oportunidades:** Identifica las oportunidades que pueden fortalecer la propuesta de valor o abrir nuevos mercados. Si una oportunidad es el crecimiento de un segmento de mercado, considera estrategias para captarlo a través de campañas de marketing dirigidas.

4. **Mitigar las amenazas:** Desarrolla un plan para reducir el impacto de las amenazas potenciales. Esto podría incluir diversificar la oferta de productos, establecer alianzas estratégicas o implementar políticas de precios más competitivas.

El análisis DAFO es una herramienta estratégica que ayuda a los emprendedores a tomar decisiones informadas sobre el desarrollo de su negocio.

Al identificar y comparar fortalezas, debilidades, oportunidades y amenazas, el emprendedor puede diseñar un plan de acción claro y proactivo para potenciar el éxito del negocio, aprovechar las oportunidades del mercado y minimizar los riesgos.

4.2. Aplicación del DAFO a un negocio

El análisis DAFO es una herramienta estratégica que permite a los emprendedores entender tanto los factores internos (fortalezas y debilidades) como los externos (oportunidades y amenazas) que pueden influir en el éxito de su negocio. Realizar un análisis DAFO efectivo proporciona una visión integral del estado de la empresa, ayudando a identificar áreas clave para el crecimiento y la mejora. La información obtenida se convierte en la base para la toma de decisiones estratégicas, permitiendo a los emprendedores aprovechar sus fortalezas, mejorar sus debilidades, capitalizar las oportunidades y mitigar las amenazas.

- Pasos para realizar un análisis DAFO efectivo

1. Definir el objetivo del análisis

   ⇨ Es importante tener claro el propósito del DAFO, ya que puede realizarse para la empresa en general o para evaluar una situación específica, como el lanzamiento de un nuevo producto, la expansión a un nuevo mercado o la mejora de un proceso interno.

2. Reunir un equipo de trabajo

   ⇨ Incluir a personas clave del negocio, como gerentes, colaboradores de diferentes áreas o asesores, puede proporcionar perspectivas valiosas para el análisis. Cada miembro del equipo puede aportar ideas sobre las fortalezas y debilidades del negocio desde su área de experiencia.

3. Recopilar datos y realizar una investigación

   ⇨ Antes de completar el DAFO, es útil contar con información detallada sobre el negocio y su entorno. Esto incluye datos financieros, estudios de mercado, retroalimentación de clientes y cualquier otra información relevante para evaluar las áreas internas y externas.

4. Identificar fortalezas y debilidades (factores internos)

   ⇨ **Fortalezas:** Haz una lista de los recursos, habilidades y ventajas competitivas que el negocio ya posee. Pregúntate: ¿Qué hace bien la empresa? ¿Qué recursos valiosos tenemos? ¿Qué nos diferencia de la competencia?

   ⇨ **Debilidades:** Identifica las áreas en las que el negocio necesita mejorar o que pueden limitar su crecimiento. Pregúntate: ¿Qué necesita mejorar? ¿En qué somos menos competitivos? ¿Qué falta en términos de recursos, habilidades o infraestructura?

5. Identificar oportunidades y amenazas (factores externos)

   ⇨ **Oportunidades:** Analiza los factores externos en el mercado y la industria que pueden beneficiar al negocio. Pregúntate: ¿Existen tendencias de mercado favorables? ¿Hay alguna necesidad de los clientes que no está satisfecha? ¿Qué oportunidades presenta la economía o las políticas gubernamentales?

   ⇨ **Amenazas:** Evalúa los factores externos que pueden representar un riesgo para el negocio. Pregúntate: ¿Cuáles son los obstáculos que enfrenta el negocio? ¿Quiénes son nuestros competidores y qué ventajas tienen? ¿Qué cambios en el mercado podrían afectarnos?

6. Organizar la información en la matriz DAFO

   ⇨ Coloca cada uno de los elementos identificados en el cuadrante correspondiente de la matriz DAFO. Esto proporciona una visión general que facilita la comparación y el análisis de los factores internos y externos.

7. Analizar las interacciones entre los cuadrantes

   ⇨ Examina cómo interactúan las fortalezas, debilidades, oportunidades y amenazas entre sí. Pregúntate: ¿Cómo podemos utilizar nuestras fortalezas para aprovechar las oportunidades? ¿Podemos convertir alguna debilidad en fortaleza? ¿Cómo podemos minimizar las amenazas externas?

♦ Ejemplo práctico de análisis DAFO para una tienda de productos de belleza natural

1. Objetivo del análisis DAFO: Evaluar la viabilidad de expansión a una tienda en línea.

2. Resultados del DAFO

DAFO	
FACTORES INTERNOS	**FACTORES EXTERNOS**
FORTALEZAS	**OPORTUNIDADES**
Productos de alta calidad y naturales Buena reputación en el mercado local •Experiencia en el sector de belleza	•Creciente demanda de productos naturales •Posibilidad de expansión en redes sociales
DEBILIDADES	**AMENAZA**
•Falta de experiencia en e-commerce •Recursos financieros limitados •Poca presencia digital	•Competencia de grandes marcas de belleza •Aumento en el costo de insumos naturales

3. Análisis de los resultados del DAFO y estrategias sugeridas

⇨ **Maximizar las fortalezas para aprovechar las oportunidades:**

- **Estrategia:** Aprovechar la buena reputación local y la alta calidad de los productos para expandirse en línea mediante una campaña de marketing digital que resalte los beneficios de los productos naturales.

- **Acción:** Colaborar con influencers de belleza que promuevan productos naturales para aumentar la visibilidad en redes sociales y atraer a un nuevo público en el entorno digital.

⇨ **Mitigar las debilidades y minimizar las amenazas:**

- **Estrategia:** Investigar opciones de financiamiento o alianzas para cubrir la inversión inicial en el desarrollo de la tienda en línea y el marketing digital.

- **Acción:** Buscar apoyo financiero a través de créditos para pequeñas empresas o considerar una colaboración con otra empresa de bienestar natural que complemente la oferta de productos.

⇨ **Convertir debilidades en fortalezas:**

- **Estrategia:** Capacitar al equipo en e-commerce y estrategias de marketing digital para mejorar la presencia digital y reducir la dependencia de los canales físicos.
- **Acción:** Inscribir al equipo en cursos de e-commerce o contratar a un experto en comercio electrónico para establecer la tienda en línea y desarrollar estrategias de venta digital.

⇨ **Desarrollar planes de contingencia para las amenazas:**

- **Estrategia:** Identificar proveedores alternativos para reducir la dependencia de los insumos actuales, mitigando el riesgo de aumentos de costos.
- **Acción:** Negociar acuerdos con proveedores locales o buscar insumos alternativos que cumplan con los estándares de calidad y sostenibilidad de la marca.

♦ Aprovechando el análisis DAFO para la toma de decisiones estratégicas

Una vez completado el DAFO, los resultados deben usarse como base para el desarrollo de un plan de acción que maximice las fortalezas, aproveche las oportunidades, mitigue las debilidades y minimice las amenazas. Aquí hay algunos consejos para aprovechar el DAFO en la toma de decisiones estratégicas:

1. Establecer prioridades

No todas las debilidades o amenazas son igualmente importantes, ni todas las oportunidades o fortalezas tendrán el mismo impacto. Prioriza aquellos factores que sean más relevantes para los objetivos del negocio y enfócate en desarrollar estrategias en torno a ellos.

2. Definir metas a corto y largo plazo

   El DAFO puede ayudarte a crear metas realistas y medibles en función de las fortalezas y oportunidades. Define metas a corto plazo que se enfoquen en mejoras rápidas, como optimizar un proceso o implementar una campaña de marketing. A largo plazo, puedes fijar metas más ambiciosas, como la expansión a nuevos mercados o el desarrollo de nuevos productos.

3. Implementar un plan de acción detallado

   Desarrolla un plan de acción específico para cada área identificada en el DAFO. Este plan debe incluir tareas claras, responsables, fechas de entrega y recursos asignados. Un plan de acción efectivo permite implementar los cambios necesarios de manera organizada y supervisar el progreso.

4. Monitorear y ajustar según los resultados

   El entorno y las capacidades internas cambian constantemente. Realiza un seguimiento de las acciones implementadas y evalúa su impacto. Revisa el análisis DAFO regularmente para identificar nuevos factores o cambios en las condiciones del mercado y ajusta la estrategia según sea necesario.

El análisis DAFO es una herramienta versátil y poderosa que facilita la comprensión integral del negocio y su entorno. Al aplicar el DAFO de forma efectiva, los emprendedores pueden desarrollar estrategias basadas en una visión realista de sus fortalezas y debilidades, al tiempo que se preparan para aprovechar las oportunidades y enfrentar las amenazas. Esta práctica no solo mejora la toma de decisiones, sino que también permite un crecimiento más sostenido y alineado con los objetivos del negocio.

4.3. Ejemplos de análisis DAFO

El análisis DAFO es una herramienta esencial para la planificación estratégica, ya que ayuda a los emprendedores y a las empresas a identificar sus fortalezas, debilidades, oportunidades y amenazas. A continuación, se presentan ejemplos de análisis DAFO de empresas ficticias y reales para ilustrar su aplicación práctica y la importancia de esta herramienta en la toma de decisiones.

♦ **Ejemplo 1:** Análisis DAFO de una empresa ficticia de alimentos saludables - "GreenBite"

Contexto de la empresa:

GreenBite es una empresa de alimentos que ofrece productos saludables y sostenibles. Su propuesta de valor se centra en proporcionar snacks naturales, sin conservantes ni azúcares añadidos, dirigidos a un público que busca una alimentación saludable y respetuosa con el medio ambiente.

DAFO	
FACTORES INTERNOS	**FACTORES EXTERNOS**
FORTALEZAS	**OPORTUNIDADES**
• Ingredientes naturales de alta calidad • Buena reputación en el mercado local • Certificación orgánica y sostenible	• Aumento en la demanda de productos saludables • Tendencia de vida saludable y sostenible
DEBILIDADES	**AMENAZA**
• Precios más altos que los snacks convencionales • Presencia limitada en el mercado nacional • Falta de experiencia en marketing digital	• Alta competencia en el sector de alimentos saludables • Posibles aumentos en el costo de ingredientes

♦ **Análisis de los resultados y estrategias sugeridas:**

⇨ **Fortalezas y oportunidades:** GreenBite puede aprovechar el aumento de la demanda de productos saludables destacando sus certificaciones orgánicas y su compromiso con la sostenibilidad en campañas de marketing.

⇨ **Debilidades y amenazas:** La falta de experiencia en marketing digital y los precios más altos que los de la competencia son áreas que necesitan mejorar. Para abordar estos desafíos, la empresa podría explorar opciones de financiamiento para implementar campañas de marketing digital efectivas y estrategias de comunicación que enfaticen el valor añadido de sus productos.

⇨ **Acción recomendada:** Desarrollar una estrategia de marketing en redes sociales que eduque a los consumidores sobre los beneficios de los productos de GreenBite y justifique el precio premium a través de contenido sobre sostenibilidad y salud.

- **Ejemplo 2:** Análisis DAFO de una empresa real - Starbucks

Contexto de la empresa:

Starbucks es una de las cadenas de café más grandes y reconocidas a nivel mundial, famosa por su experiencia de consumo personalizada y la variedad de sus productos.

DAFO	
FACTORES INTERNOS	**FACTORES EXTERNOS**
FORTALEZAS	**OPORTUNIDADES**
Reconocimiento global de marca Cultura centrada en el cliente y el servicio	Expansión en mercados emergentes Posibilidad de expansión en redes sociales
DEBILIDADES	**AMENAZA**
Precios elevados en comparación con competidores locales Dependencia de materias primas importadas Saturación del mercado en algunas regiones	Fluctuaciones en el precio del café y otros insumos Creciente competencia de cafeterías locales y grandes cadenas

- **Análisis de los resultados y estrategias sugeridas:**

  - **Fortalezas y oportunidades:** Starbucks puede aprovechar su reconocimiento de marca y su experiencia en personalización de productos para expandirse en mercados emergentes donde la competencia aún es limitada y los consumidores están abiertos a marcas globales.

  - **Debilidades y amenazas:** La dependencia de insumos importados y las fluctuaciones en los precios del café representan riesgos financieros. Para mitigar estos desafíos, Starbucks podría invertir en asociaciones con productores locales en regiones emergentes o explorar proveedores alternativos de insumos clave.

  - **Acción recomendada:** Starbucks podría aumentar sus esfuerzos en iniciativas de sostenibilidad para satisfacer la creciente demanda de productos responsables y diferenciándose aún más de la competencia local y global.

- **Ejemplo 3:** Análisis DAFO de una empresa ficticia de moda - “EcoTrend”

Contexto de la empresa:

EcoTrend es una startup de moda que produce ropa ecológica y ética. La marca utiliza materiales reciclados y trabaja con proveedores que respetan las condiciones laborales justas.

DAFO	
FACTORES INTERNOS	FACTORES EXTERNOS
FORTALEZAS	OPORTUNIDADES
• Propuesta de valor única que destaca por la sostenibilidad • Alta calidad de materiales y diseño • Relación con proveedores éticos	•Aumento en la demanda de moda sostenible •Oportunidades de colaboración con influencers éticos
DEBILIDADES	AMENAZA
• Altos costos de producción • Falta de reconocimiento de marca • Presencia limitada en el mercado online	•Competencia de grandes marcas que empiezan a lanzar líneas sostenibles •Variaciones en los costos de materiales reciclados

- **Análisis de los resultados y estrategias sugeridas:**

  - **Fortalezas y oportunidades:** EcoTrend puede destacar su compromiso con la moda sostenible y asociarse con influencers de sostenibilidad para ganar visibilidad en redes sociales y aumentar su alcance en el mercado.

  - **Debilidades y amenazas:** La falta de reconocimiento de marca y los altos costos de producción son áreas clave a abordar. EcoTrend podría desarrollar una estrategia de precios escalonada para ofrecer productos más accesibles o explorar opciones de producción locales para reducir costos.

  - **Acción recomendada:** Invertir en marketing digital enfocado en storytelling sobre la sostenibilidad de sus productos y colaborar con micro-influencers en moda ética para aumentar la visibilidad de la marca.

♦ **Ejemplo 4:** Análisis DAFO de una empresa real – Apple

Contexto de la empresa:

Apple es una empresa líder en tecnología, reconocida por su enfoque en la innovación y el diseño de alta calidad. Ofrece productos como el iPhone, iPad, Mac y servicios digitales como iCloud y Apple Music.

DAFO	
FACTORES INTERNOS	FACTORES EXTERNOS
FORTALEZAS	OPORTUNIDADES
• Reconocida por su innovación y diseño • Base de clientes leales y fuertes • Ecosistema integrado de productos y servicios	•Crecimiento de la demanda de dispositivos inteligentes •Expansión de servicios digitales como Apple Music y Apple TV+
DEBILIDADES	AMENAZA
• Precios elevados que limitan su accesibilidad • Alta dependencia de productos estrella como el iPhone • Ciclo de vida corto de los productos	•Competencia intensa de otras empresas tecnológicas •Cambios regulatorios sobre privacidad y seguridad de datos

♦ **Análisis de los resultados y estrategias sugeridas:**

⇨ **Fortalezas y oportunidades:** Apple puede aprovechar su base de clientes leales para promocionar nuevos servicios y expandir su ecosistema digital, captando a usuarios que buscan integración y comodidad en sus dispositivos.

⇨ **Debilidades y amenazas:** La alta dependencia del iPhone y el corto ciclo de vida de sus productos presentan riesgos en caso de que la demanda se reduzca. Para abordar estas amenazas, Apple puede diversificar su línea de productos y servicios digitales, ampliando su oferta en áreas como la inteligencia artificial y la realidad aumentada.

⇨ **Acción recomendada:** Enfocarse en desarrollar servicios digitales adicionales que fidelicen aún más a sus clientes y explorar la diversificación de su oferta de hardware para reducir la dependencia del iPhone.

Estos ejemplos de análisis DAFO demuestran cómo esta herramienta ayuda a las empresas a comprender mejor su situación interna y externa, permitiéndoles desarrollar estrategias informadas y enfocadas en el crecimiento. Al analizar sus fortalezas y oportunidades, así como sus debilidades y amenazas, las empresas pueden tomar decisiones estratégicas que las posicionen mejor en el mercado y mejoren su capacidad para competir y adaptarse a los cambios.

5. Estrategias y objetivos.

5.1. Definición de objetivos SMART

El marco SMART es una metodología para formular objetivos claros y efectivos, asegurando que estos sean Específicos, Medibles, Alcanzables, Relevantes y Temporales. Al usar el modelo SMART, las empresas pueden definir metas concretas que guíen sus esfuerzos estratégicos y permitan medir el progreso de manera precisa. Los objetivos SMART son esenciales para cualquier plan estratégico, ya que proporcionan un enfoque claro y detallado para alcanzar los resultados deseados.

- Explicación de cada componente del marco SMART

1. Específicos

   Un objetivo específico es claro y detallado, sin ambigüedades. Debe responder a preguntas como “¿qué se quiere lograr?” y “¿quién está involucrado?”. Al definir el objetivo de forma específica, se evita la confusión y se orientan los esfuerzos hacia una meta concreta.

   ⇨ **Ejemplo:** En lugar de un objetivo general como “Aumentar las ventas”, un objetivo específico sería “Aumentar las ventas de café orgánico en un 20% en los próximos 6 meses”.

2. Medibles

   Un objetivo debe incluir criterios que permitan medir el progreso y el éxito. Al definir un objetivo medible, es importante especificar métricas o indicadores claros, como números, porcentajes o cantidades, que permitan hacer un seguimiento preciso.

⇨ **Ejemplo:** En lugar de decir "Mejorar la presencia en redes sociales", un objetivo medible sería "Aumentar el número de seguidores en Instagram en un 15% en tres meses".

3. Alcanzables

   El objetivo debe ser realista y posible de alcanzar con los recursos disponibles. Es importante evaluar si el equipo cuenta con las capacidades, el tiempo y el presupuesto necesario para lograr el objetivo. Un objetivo alcanzable desafía al equipo, pero también es posible de cumplir.

   ⇨ **Ejemplo:** Un objetivo alcanzable podría ser "Incrementar las ventas en un 10% en el próximo trimestre", en lugar de establecer una meta extremadamente ambiciosa como "Duplicar las ventas en el próximo mes" sin un plan o recursos adecuados.

4. Relevantes

   El objetivo debe ser relevante y alinearse con los objetivos generales de la empresa. Un objetivo relevante tiene un propósito claro y contribuye directamente al crecimiento y éxito del negocio.

   ⇨ **Ejemplo:** Si el enfoque de una empresa es expandir su base de clientes, un objetivo relevante sería "Desarrollar una campaña de marketing para captar 500 nuevos clientes en los próximos seis meses".

5. Temporales

   Todo objetivo debe tener un marco temporal definido, es decir, una fecha límite o plazo específico para completarlo. Esto permite que el equipo mantenga el enfoque y la motivación, además de facilitar la evaluación del progreso dentro de un periodo determinado.

   ⇨ **Ejemplo:** "Reducir los costos de producción en un 10% durante los próximos 12 meses" es un objetivo temporal, ya que define claramente cuándo se espera lograr el resultado.

♦ Ejemplos de objetivos SMART

Para ilustrar el uso del modelo SMART, aquí se presentan ejemplos de objetivos en diferentes áreas:

1. Objetivo de ventas

   ⇨ **SMART:** "Aumentar las ventas de productos orgánicos en un 15% en el próximo trimestre a través de promociones de temporada y la captación de 200 nuevos clientes".

   ⇨ **Análisis:** Es específico (aumento de ventas de productos orgánicos), medible (15%), alcanzable (usando promociones y captación de clientes), relevante (incremento de ventas) y temporal (en el próximo trimestre).

2. Objetivo de marketing digital

   ⇨ **SMART:** "Incrementar la tasa de interacción en redes sociales en un 25% en los próximos tres meses mediante contenido visual atractivo y publicaciones diarias en Instagram y Facebook".

   ⇨ **Análisis:** Es específico (incremento de interacción en redes sociales), medible (25%), alcanzable (con contenido visual y frecuencia de publicación), relevante (mejora de presencia digital) y temporal (en tres meses).

3. Objetivo de eficiencia operativa

   ⇨ **SMART:** "Reducir el tiempo de entrega de los productos en un 20% en los próximos seis meses mediante la optimización de los procesos logísticos y la mejora del control de inventarios".

   ⇨ **Análisis:** Es específico (reducción del tiempo de entrega), medible (20%), alcanzable (mediante optimización y control de inventarios), relevante (eficiencia operativa) y temporal (en seis meses).

4. Objetivo de desarrollo del equipo

   ⇨ **SMART:** "Capacitar al equipo de ventas en técnicas de negociación y cierre de ventas con un curso de 12 horas, completado en un periodo de dos meses, con el objetivo de mejorar la tasa de conversión en un 10%".

⇨ **Análisis:** Es específico (capacitar al equipo en técnicas de negociación), medible (curso de 12 horas y aumento del 10% en la tasa de conversión), alcanzable (realizable con un curso), relevante (mejora de conversión) y temporal (dos meses).

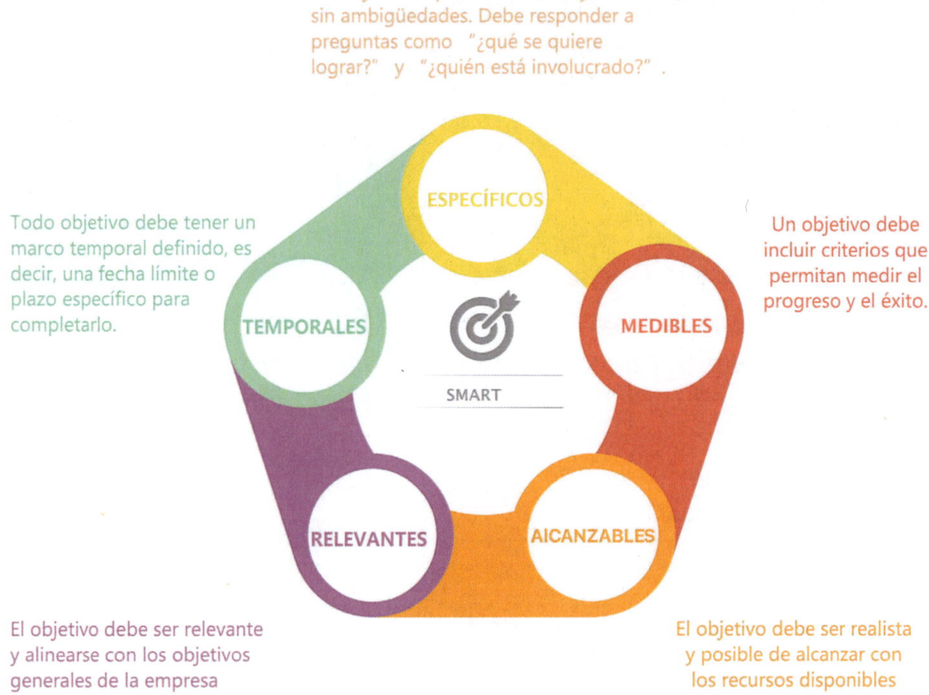

♦ Cómo formular objetivos SMART para el negocio

1. Identificar las prioridades y necesidades de la empresa

   Antes de definir objetivos SMART, es fundamental comprender las prioridades y áreas de mejora del negocio. Considera cuáles son los resultados específicos que se necesitan para avanzar hacia los objetivos estratégicos de la empresa.

2. Redactar cada objetivo con los cinco criterios en mente

   Al escribir el objetivo, asegúrate de que cumpla con todos los elementos de SMART. Especifica qué se quiere lograr, cómo se medirá el éxito, si es realista, por qué es relevante y cuándo se espera alcanzarlo.

3. Evaluar la viabilidad de cada objetivo

   Después de definir los objetivos, revisa que sean realistas y alcanzables en el plazo y con los recursos disponibles. Consulta con los equipos o colaboradores involucrados para asegurarte de que tienen la capacidad para cumplir el objetivo.

4. Asignar responsabilidades y seguimiento

   Para cada objetivo SMART, asigna a un responsable y establece un sistema de seguimiento. Esto garantiza que el progreso se supervise y se realicen ajustes si es necesario.

- Ventajas del uso de objetivos SMART

  - **Enfoque claro:** El modelo SMART ayuda a que los objetivos estén bien definidos y enfocados en resultados concretos, evitando metas vagas o inalcanzables.
  - **Medición del progreso:** Los objetivos SMART permiten medir los avances y evaluar el éxito al final del periodo establecido.
  - **Mejora de la motivación:** Al establecer objetivos alcanzables y con plazos definidos, el equipo se mantiene motivado y comprometido.
  - **Facilita la toma de decisiones:** Los objetivos SMART alinean los esfuerzos con las prioridades estratégicas, facilitando la asignación de recursos y la toma de decisiones.

El marco SMART es una herramienta poderosa para establecer objetivos claros, alcanzables y medibles que guían al negocio hacia el cumplimiento de sus metas estratégicas. Al aplicar los cinco criterios de SMART, los emprendedores y sus equipos pueden mantener un enfoque preciso, evaluar el progreso con facilidad y adaptar sus esfuerzos según sea necesario.

5.2. Estrategias de negocio

Las estrategias de negocio son planes que permiten a una empresa alcanzar sus objetivos y mejorar su posición en el mercado. Existen diferentes enfoques estratégicos, y las empresas pueden optar por estrategias de crecimiento, diferenciación o liderazgo en costos, dependiendo de sus recursos, capacidades y del entorno competitivo.

A continuación, se explican cada una de estas estrategias y cómo pueden contribuir al éxito de una empresa.

- Estrategias de crecimiento

  Las estrategias de crecimiento están orientadas a expandir el alcance y el tamaño de la empresa. El crecimiento puede lograrse mediante la expansión en nuevos mercados, el desarrollo de nuevos productos o servicios, la adquisición de otras empresas o la mejora de la participación en el mercado. Las principales estrategias de crecimiento incluyen:

1. Penetración de mercado

   Esta estrategia se centra en aumentar las ventas de los productos o servicios actuales en el mercado existente. El objetivo es capturar una mayor cuota de mercado, utilizando tácticas como promociones, descuentos, publicidad y fidelización de clientes.

   La penetración de mercado es ideal para empresas que ya tienen una base sólida en el mercado y buscan aumentar su presencia.

   ⇨ **Ejemplo:** Una tienda de ropa puede realizar campañas de descuentos y programas de fidelización para atraer a nuevos clientes y lograr que los clientes actuales compren más frecuentemente.

2. Desarrollo de mercado

   El desarrollo de mercado implica llevar los productos o servicios actuales a nuevos mercados o segmentos de clientes. Esto puede lograrse expandiendo la distribución geográfica, adaptando la oferta a diferentes perfiles de consumidores o ingresando en mercados internacionales.

   ⇨ **Ejemplo:** Una marca de cosméticos podría expandirse a otro país donde exista una creciente demanda de productos naturales y sostenibles, adaptando sus campañas de marketing a las preferencias de los consumidores locales.

3. Desarrollo de productos

En esta estrategia, la empresa introduce nuevos productos o mejora los existentes para captar más clientes en su mercado actual. El desarrollo de productos puede incluir la creación de líneas de productos adicionales, el lanzamiento de versiones actualizadas o la incorporación de características innovadoras que satisfagan las necesidades del cliente.

⇨ **Ejemplo:** Una empresa de tecnología podría lanzar una nueva versión de su producto con mejoras en el diseño y nuevas funcionalidades, buscando atraer tanto a clientes existentes como a nuevos usuarios.

4. Diversificación

La diversificación implica ingresar en mercados nuevos con productos o servicios diferentes a los actuales. Esta estrategia es la más arriesgada, ya que implica expandirse a terrenos desconocidos para la empresa. La diversificación puede ser relacionada, cuando los productos o servicios nuevos están conectados con la actividad principal de la empresa, o no relacionada, cuando no tienen relación con el negocio actual.

⇨ **Ejemplo:** Una empresa de productos de limpieza que decide entrar en el mercado de productos de higiene personal estaría aplicando una diversificación relacionada. Si esta misma empresa ingresara en el sector de alimentos, aplicaría una diversificación no relacionada.

♦ Estrategias de diferenciación

Las estrategias de diferenciación buscan hacer que la empresa se destaque frente a la competencia al ofrecer algo único y valioso para los clientes. Al diferenciarse, una empresa puede captar la atención de un segmento de clientes dispuesto a pagar más por una propuesta de valor superior. Las estrategias de diferenciación incluyen:

1. Calidad superior

Esta estrategia se centra en ofrecer productos o servicios de alta calidad que superen las expectativas de los clientes. La calidad puede estar en el diseño, los materiales utilizados, la durabilidad, el desempeño o el servicio al cliente. La percepción de calidad permite a la empresa posicionarse como una marca premium y, a menudo, cobrar precios más altos.

- ⇨ **Ejemplo:** Una marca de muebles que utiliza materiales sostenibles de alta calidad y ofrece diseños exclusivos puede atraer a clientes que valoran el estilo y la durabilidad.

2. Innovación

   La innovación permite a la empresa desarrollar productos o servicios que sean únicos o que ofrezcan características novedosas. La innovación puede aplicarse tanto a los productos como a los procesos de la empresa, lo cual permite ganar ventaja sobre la competencia.

   - ⇨ **Ejemplo:** Una empresa de tecnología que lanza un dispositivo con funcionalidades innovadoras que no existen en otros productos del mercado puede captar a clientes interesados en la última tecnología.

3. Servicio al cliente excepcional

   Muchas empresas logran diferenciarse al ofrecer una experiencia superior en atención al cliente, con servicios personalizados, una comunicación rápida y soluciones efectivas. Un excelente servicio al cliente no solo atrae a nuevos clientes, sino que también genera lealtad entre los clientes actuales.

   - ⇨ **Ejemplo:** Una tienda de moda en línea que ofrece una política de devoluciones flexible y asistencia rápida por chat puede ganarse la lealtad de los clientes que buscan una experiencia de compra sin problemas.

4. Marca y reputación

   La creación de una marca fuerte y una reputación positiva es una forma de diferenciación que se basa en la percepción y confianza de los consumidores. Una marca bien posicionada puede transmitir valores específicos, como sostenibilidad, lujo, tecnología o tradición.

   - ⇨ **Ejemplo:** Apple ha logrado una sólida diferenciación gracias a su reputación de innovación y diseño de alta calidad, lo que le permite mantener una base de clientes leales y cobrar precios premium.

Estrategias de diferenciación

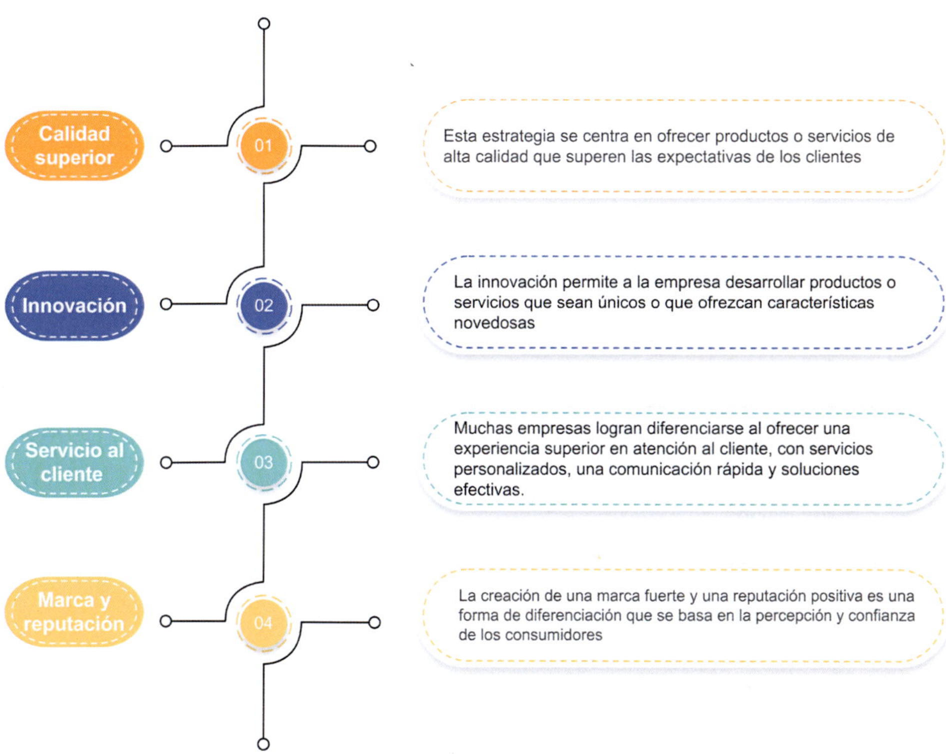

- Estrategias de liderazgo en costos

  Las estrategias de liderazgo en costos están orientadas a reducir los costos de producción y operación de la empresa, lo cual le permite ofrecer productos o servicios a precios más bajos que los de la competencia. Esta estrategia requiere una gestión eficiente de los recursos, economías de escala y procesos optimizados. El liderazgo en costos es una ventaja competitiva importante en mercados donde los consumidores están altamente orientados al precio.

1. Economías de escala

   Las empresas grandes que producen en grandes volúmenes pueden reducir los costos unitarios, aprovechando economías de escala. Cuanto mayor sea la producción, menor será el costo por unidad, lo cual permite a la empresa ofrecer precios competitivos.

- ⇨ **Ejemplo:** Una cadena de supermercados que compra productos en grandes cantidades a proveedores puede negociar precios más bajos y transferir esos ahorros a los clientes, ofreciendo precios más accesibles que los de pequeños minoristas.

2. Eficiencia operativa

   Las empresas que optimizan sus procesos para hacerlos más eficientes pueden reducir costos. Esto implica analizar cada paso del proceso productivo y eliminar desperdicios, retrasos y redundancias, lo cual permite ofrecer productos a precios más bajos sin sacrificar la calidad.

   - ⇨ **Ejemplo:** Una fábrica de muebles que adopta técnicas de manufactura esbelta (lean manufacturing) reduce el desperdicio de materiales y el tiempo de producción, logrando así precios competitivos en el mercado.

3. Uso de tecnología para reducir costos

   La implementación de tecnología en los procesos operativos puede reducir costos y aumentar la eficiencia. Desde el uso de sistemas de automatización hasta la inteligencia artificial, la tecnología ayuda a reducir los costos de personal, a minimizar errores y a mejorar la productividad.

   - ⇨ **Ejemplo:** Una empresa de logística que utiliza inteligencia artificial para optimizar rutas de entrega puede reducir sus costos de transporte, lo que le permite ofrecer tarifas más competitivas a sus clientes.

4. Sourcing eficiente

   Conseguir insumos y materias primas a precios bajos es fundamental en una estrategia de liderazgo en costos. Para ello, la empresa puede negociar con proveedores, buscar alternativas más económicas o comprar en grandes cantidades.

   - ⇨ **Ejemplo:** Una empresa de productos de limpieza que negocia contratos a largo plazo con proveedores puede asegurarse precios estables y bajos, lo cual le permite mantener precios accesibles para los consumidores.

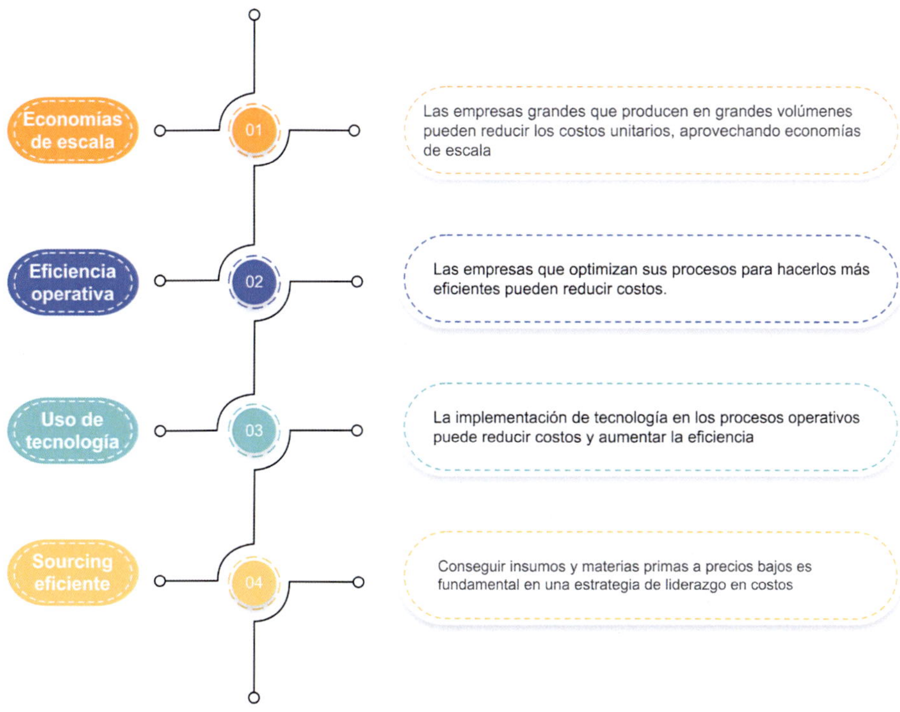

- Selección de estrategias y alineación con objetivos

Es importante que las empresas seleccionen la estrategia que mejor se adapte a sus recursos, capacidades y al entorno competitivo. Algunos factores que deben considerarse al seleccionar una estrategia incluyen:

⇨ **Perfil del cliente objetivo:** La estrategia debe alinearse con las necesidades y preferencias de los clientes. Por ejemplo, una estrategia de liderazgo en costos puede ser ideal para clientes sensibles al precio, mientras que una estrategia de diferenciación puede atraer a clientes que buscan calidad y exclusividad.

⇨ **Capacidades internas:** Las habilidades, recursos y capacidades de la empresa deben apoyar la estrategia elegida. Las empresas con procesos eficientes y grandes volúmenes de producción pueden beneficiarse del liderazgo en costos, mientras que aquellas con experiencia en innovación y diseño pueden optar por una estrategia de diferenciación.

⇨ **Entorno competitivo:** Es fundamental analizar el mercado y los competidores para entender qué estrategia permite a la empresa destacarse. En mercados saturados, la diferenciación puede ser clave, mientras que, en sectores muy competitivos en precio, el liderazgo en costos es una ventaja importante.

Las estrategias de crecimiento, diferenciación y liderazgo en costos son enfoques clave que permiten a una empresa posicionarse de manera competitiva en el mercado. La selección de una estrategia debe basarse en los recursos, capacidades y objetivos de la empresa, así como en el análisis de las necesidades del cliente y del entorno. Una vez seleccionada la estrategia adecuada, la empresa puede establecer objetivos SMART para guiar sus esfuerzos y medir el progreso hacia el éxito.

5.3. Alineación de estrategias y objetivos

La alineación de estrategias y objetivos con la misión y visión de una empresa es fundamental para asegurar que todas las acciones estén orientadas hacia el logro de sus propósitos y aspiraciones. La misión establece el propósito central de la empresa y define qué hace, para quién lo hace y cómo lo hace, mientras que la visión representa el estado ideal y el futuro deseado de la empresa. Cuando las estrategias y los objetivos están alineados con estos elementos, se crea una dirección clara, se optimizan los recursos y se incrementa la cohesión en todas las actividades del negocio.

♦ Importancia de la alineación de estrategias y objetivos

1. Coherencia en las decisiones empresariales

   Alinear las estrategias y objetivos con la misión y visión asegura que todas las decisiones se tomen en función de los valores y propósitos de la empresa, lo cual permite avanzar de forma consistente hacia la realización de la visión.

2. Motivación y compromiso del equipo

   Cuando el equipo comprende cómo su trabajo contribuye a la misión y visión de la empresa, se fortalece su sentido de propósito y aumenta su compromiso, lo cual mejora la productividad y el ambiente de trabajo.

3. Uso eficiente de los recursos

   La alineación permite enfocar los recursos en las actividades más relevantes, evitando desvíos y esfuerzos innecesarios. Esto optimiza el tiempo, el capital y la energía de la empresa, facilitando la consecución de los objetivos estratégicos.

4. Facilita el logro de objetivos de largo plazo

   La misión y la visión funcionan como una guía a largo plazo. Alinearse con ellas permite a la empresa establecer objetivos estratégicos que favorezcan su crecimiento sostenible y su posición en el mercado.

- Pasos para alinear estrategias y objetivos con la misión y visión del negocio

1. Revisar y comprender la misión y visión de la empresa

   El primer paso es asegurarse de que la misión y visión están claras y bien definidas. Todos los miembros de la empresa deben entender estos conceptos, ya que representan los valores fundamentales y el propósito último del negocio.

   ⇨ **Ejemplo:** Si la misión de una empresa de alimentos es "Ofrecer productos saludables y accesibles que mejoren el bienestar de nuestros clientes", todos los objetivos y estrategias deben centrarse en promover la salud y accesibilidad.

2. Definir objetivos estratégicos que se alineen con la misión y visión

   Los objetivos estratégicos deben ser SMART y estar directamente vinculados con la misión y visión. Al formular cada objetivo, asegúrate de que contribuya de manera clara al propósito y dirección general de la empresa.

   ⇨ **Ejemplo:** Si la visión de una empresa de tecnología es "Convertirse en el líder en innovación tecnológica sostenible para 2030", un objetivo estratégico podría ser "Desarrollar y lanzar una línea de productos ecológicos en los próximos dos años", lo cual contribuye al crecimiento y enfoque sostenible de la empresa.

3. Seleccionar estrategias coherentes con los objetivos y valores de la empresa

   Las estrategias deben diseñarse de forma que respalden el logro de los objetivos y que reflejen los valores de la empresa. Esto significa optar por estrategias que no solo persigan el crecimiento o la rentabilidad, sino que también respeten y promuevan el propósito central del negocio.

   ⇨ **Ejemplo:** Para una empresa con una misión enfocada en la calidad y la innovación, una estrategia coherente podría ser invertir en investigación y desarrollo (I+D) para mejorar la calidad de sus productos y mantener su ventaja competitiva.

4. Establecer un plan de acción que integre objetivos y estrategias

   El plan de acción debe detallar las actividades necesarias para implementar las estrategias y alcanzar los objetivos, asignando responsables y plazos específicos. Este plan facilita la organización y asegura que cada acción contribuya al propósito de la empresa.

   ⇨ **Ejemplo:** Si la estrategia de una empresa de moda sostenible es expandir sus ventas en línea para llegar a un público más amplio, el plan de acción podría incluir actividades como optimizar la tienda en línea, lanzar campañas de marketing digital y crear contenido educativo sobre sostenibilidad, todas alineadas con su misión de ser una marca de moda ética y accesible.

5. Monitorear el progreso y evaluar la alineación regularmente

   Realizar un seguimiento del progreso es clave para verificar que los objetivos y estrategias sigan alineados con la misión y visión de la empresa. Evaluar periódicamente permite ajustar el rumbo si es necesario y garantizar que se mantenga la coherencia.

   ⇨ **Ejemplo:** La empresa puede realizar revisiones trimestrales o anuales de su progreso y analizar si los objetivos y estrategias siguen siendo coherentes con la misión y visión. Si han surgido nuevos desafíos o cambios en el mercado, la empresa podría ajustar sus objetivos o estrategias para mantener la alineación.

- Ejemplo de alineación de estrategias y objetivos con la misión y visión

  Ejemplo de una empresa ficticia: "EcoHome"

  - ⇨ **Misión:** "Ofrecer productos ecológicos para el hogar que mejoren la calidad de vida de nuestros clientes mientras protegen el medio ambiente."
  - ⇨ **Visión:** "Convertirse en la empresa líder en productos sostenibles para el hogar en Latinoamérica para 2030."

- **Objetivos estratégicos y su alineación con la misión y visión:**

1. **Objetivo SMART:** "Incrementar las ventas de productos ecológicos en un 20% en los próximos 12 meses mediante una expansión en mercados internacionales."
   - ⇨ **Alineación:** Este objetivo apoya la visión de EcoHome de expandirse en Latinoamérica y la misión de ofrecer productos ecológicos.
2. **Objetivo SMART:** "Reducir la huella de carbono en un 30% en cinco años mediante el uso de materiales reciclados y procesos de producción sostenibles."
   - ⇨ **Alineación:** Este objetivo refuerza el compromiso de EcoHome con el medio ambiente, alineándose directamente con su misión de proteger el medio ambiente y su visión de liderazgo en sostenibilidad.

- **Estrategias seleccionadas y su alineación con la misión y visión:**

1. **Estrategia de diferenciación mediante sostenibilidad:** Invertir en la certificación de productos con sellos ecológicos y destacarlos en el empaque y en campañas de marketing.
   - ⇨ **Alineación:** Esta estrategia apoya la misión de EcoHome de ofrecer productos ecológicos, promoviendo al mismo tiempo la visibilidad de la empresa como marca sostenible.
2. **Estrategia de crecimiento en ventas en línea:** Desarrollar una tienda en línea con envíos internacionales y fortalecer el marketing digital en redes sociales para llegar a nuevos mercados en Latinoamérica.

⇨ **Alineación:** Esta estrategia ayuda a EcoHome a cumplir su visión de convertirse en líder en el mercado de productos sostenibles para el hogar en Latinoamérica, expandiendo su alcance en la región.

Alinear estrategias y objetivos con la misión y visión de la empresa es fundamental para mantener la coherencia en todas las decisiones y acciones. Cuando todos los esfuerzos están dirigidos hacia un mismo propósito y en una misma dirección, la empresa optimiza sus recursos, aumenta la motivación de su equipo y facilita el logro de sus metas a largo plazo. Esta alineación no solo fortalece la identidad y valores de la empresa, sino que también mejora su competitividad y asegura un crecimiento sostenible y enfocado.

6. Plan de actuación: Plan de marketing. Plan de operaciones. Plan jurídico-fiscal. Plan de Recursos Humanos. Plan económico-financiero

6.1. Plan de marketing

El plan de marketing es fundamental para alcanzar a los clientes ideales, comunicar efectivamente el valor de la oferta y lograr una ventaja competitiva en el mercado. Un buen plan de marketing abarca estrategias específicas de segmentación, posicionamiento, precio, promoción y distribución, y cada uno de estos elementos debe estar alineado con los objetivos y valores del negocio.

♦ Estrategias clave del plan de marketing

1. Segmentación de mercado

   La segmentación de mercado implica dividir el mercado en grupos de consumidores con características y necesidades similares, lo cual permite diseñar estrategias que respondan mejor a las preferencias de cada segmento. Los criterios de segmentación pueden incluir:

   ⇨ **Geográfica:** Localización, región, tamaño de la ciudad.

   ⇨ **Demográfica:** Edad, género, ingresos, nivel educativo.

   ⇨ **Psicográfica:** Estilo de vida, valores, personalidad.

- ⇨ **Conductual:** Uso del producto, beneficios buscados, lealtad a la marca.
- ⇨ **Ejemplo:** Una marca de moda sostenible podría segmentar su mercado psicográficamente, dirigiéndose a consumidores que valoren el respeto al medio ambiente y la sostenibilidad.

2. Posicionamiento de la marca

El posicionamiento define cómo se percibe el producto o servicio en la mente del consumidor, en comparación con la competencia. Un buen posicionamiento destaca los atributos únicos de la oferta, alineando la propuesta de valor con los deseos y necesidades del segmento objetivo.

- ⇨ **Ejemplo:** La marca de tecnología Apple se posiciona como un referente en innovación, diseño y simplicidad, lo que atrae a consumidores que buscan productos de alta calidad y fáciles de usar.

3. Estrategia de precios

La estrategia de precios es clave para la percepción del producto y la competitividad en el mercado. Existen varias estrategias de precios, como:

- ⇨ **Precios premium:** Para productos de lujo o de alta calidad.
- ⇨ **Precios de penetración:** Para entrar en el mercado con precios bajos y atraer clientes.
- ⇨ **Precios de competencia:** Ajustar los precios en función de la competencia.
- ⇨ **Precios psicológicos:** Usar precios que psicológicamente parezcan más bajos (por ejemplo, $9.99 en lugar de $10).
- ⇨ **Ejemplo:** Una empresa que vende productos de alta gama, como relojes de lujo, puede optar por una estrategia de precios premium para crear una percepción de exclusividad y calidad.

4. Promoción

La promoción incluye todas las actividades que ayudan a comunicar el valor del producto y a persuadir al cliente para que realice una compra.

Las tácticas promocionales pueden incluir publicidad, redes sociales, promociones de venta, relaciones públicas y eventos.

- ⇨ **Ejemplo:** Una marca de cosméticos puede lanzar una promoción en redes sociales, ofreciendo muestras gratuitas a cambio de la suscripción a su boletín, lo cual aumenta su base de datos de clientes potenciales y da a conocer el producto.

5. Distribución

La distribución se refiere a cómo llega el producto al cliente final. Dependiendo del tipo de negocio y del mercado, las estrategias de distribución pueden ser:

- ⇨ **Distribución intensiva:** Presencia en múltiples puntos de venta para captar un público amplio.
- ⇨ **Distribución selectiva:** Presencia en puntos de venta exclusivos que refuerzan la imagen de la marca.
- ⇨ **Distribución directa:** Venta directa al cliente sin intermediarios, a través de una tienda en línea, por ejemplo.
- ⇨ **Ejemplo:** Una empresa de productos orgánicos puede optar por una distribución selectiva, vendiendo solo en tiendas de productos naturales o en su propia tienda en línea, para reforzar su imagen de marca saludable y ecológica.

♦ Ejemplos de planes de marketing exitosos

1. **Nike:** Segmentación y posicionamiento efectivo

- ⇨ **Estrategia:** Nike ha segmentado el mercado de ropa deportiva en varios grupos, como deportistas de élite, aficionados al deporte y personas interesadas en el fitness y el estilo de vida activo. Su posicionamiento se basa en la motivación y la superación personal, con el lema "Just Do It", que inspira a sus clientes a superar sus propios límites.

⇨ **Resultado:** Este posicionamiento le permite a Nike conectar emocionalmente con sus clientes, generar lealtad a la marca y mantenerse como un líder en la industria deportiva.

2. **IKEA:** Estrategia de precios y distribución

⇨ **Estrategia:** IKEA se enfoca en ofrecer muebles y productos para el hogar a precios accesibles. Su estrategia de precios se basa en costos bajos, optimización de la producción y venta directa en sus tiendas y en línea. En cuanto a la distribución, IKEA utiliza grandes almacenes donde los clientes pueden experimentar el producto en entornos realistas.

⇨ **Resultado:** La estrategia de precios y distribución de IKEA le permite captar a un segmento amplio de consumidores interesados en productos funcionales y económicos, manteniendo una ventaja competitiva en el mercado de muebles.

3. **Starbucks:** Experiencia de marca y diferenciación

⇨ **Estrategia:** Starbucks se diferencia mediante la experiencia del cliente, creando un ambiente acogedor y una atención personalizada en sus cafeterías. Además, mantiene una segmentación psicográfica, atrayendo a personas interesadas en el estilo de vida urbano y social. Su estrategia promocional incluye programas de fidelización y ofertas de temporada.

⇨ **Resultado:** La experiencia y el ambiente de Starbucks hacen que sus clientes perciban la marca como un lugar especial, lo cual fomenta la lealtad y permite a Starbucks cobrar precios premium en comparación con otros competidores.

4. **Tesla:** Estrategia de precios premium y promoción de innovación

⇨ **Estrategia:** Tesla se posiciona como una marca de innovación y tecnología avanzada en el mercado de vehículos eléctricos. La empresa utiliza una estrategia de precios premium, lo cual contribuye a la percepción de calidad y exclusividad. Su estrategia de promoción se centra en redes sociales y en eventos tecnológicos, sin recurrir a la publicidad tradicional.

⇨ **Resultado:** Tesla ha logrado construir una base de clientes leales que valoran la innovación y están dispuestos a pagar precios elevados por la tecnología y la sostenibilidad que ofrece la marca.

♦ Ejercicio práctico para formular un plan de marketing

Actividad: Cada alumno debe formular un plan de marketing para su idea de negocio, incluyendo estrategias de segmentación, posicionamiento, precio, promoción y distribución. A continuación, se ofrece una guía y posibles soluciones para cada componente.

1. **Segmentación:**

⇨ **Guía:** Define el perfil de tu cliente ideal. Puedes dividirlo por ubicación, edad, estilo de vida, necesidades o comportamiento.

⇨ **Posible solución:** Si tienes una tienda de ropa deportiva sostenible, segmenta a clientes jóvenes (18-35 años) que practiquen deportes y valoren el medio ambiente.

2. **Posicionamiento:**

⇨ **Guía:** ¿Qué diferencia a tu producto de los demás? ¿Qué lugar ocupa en la mente del consumidor?

⇨ **Posible solución:** Posicionarte como una marca de ropa deportiva que ofrece productos de alta calidad fabricados de forma sostenible, dirigidos a personas activas y responsables.

3. **Estrategia de precios:**

⇨ **Guía:** ¿Cuál es tu estrategia de precios? ¿Premium, competitivo, accesible?

⇨ **Posible solución:** Si buscas una imagen de calidad, podrías optar por precios medios a premium, destacando los beneficios de sostenibilidad y durabilidad de tus productos.

4. **Promoción:**

⇨ **Guía:** Define tus canales de promoción y los mensajes que usarás. ¿Utilizarás redes sociales, influencers, publicidad en línea?

⇨ **Posible solución:** Utiliza redes sociales como Instagram y TikTok, y colabora con influencers de fitness para promocionar tu ropa deportiva sostenible a través de publicaciones de contenido educativo y visualmente atractivo.

5. **Distribución:**

⇨ **Guía:** ¿Cómo llegará tu producto al cliente? ¿Venderás directamente, a través de minoristas o ambos?

⇨ **Posible solución:** Comienza con una tienda en línea para llegar a clientes a nivel nacional y explora la posibilidad de ventas en tiendas especializadas en ropa deportiva sostenible.

Un plan de marketing sólido es clave para llegar a los clientes ideales y posicionarse efectivamente en el mercado. Al desarrollar estrategias de segmentación, posicionamiento, precio, promoción y distribución, las empresas pueden establecer una presencia sólida y diferenciada en el mercado. Estudiar ejemplos de marketing exitoso y practicar la creación de un plan propio proporciona a los emprendedores las herramientas necesarias para implementar estrategias eficaces y alcanzar sus objetivos comerciales.

6.2. Plan de operaciones

El plan de operaciones define la estructura y organización de los procesos internos necesarios para que un negocio funcione eficientemente. Este plan abarca aspectos como el flujo de trabajo, la cadena de suministro, la logística y la gestión de inventario. Un plan de operaciones bien diseñado asegura que cada área de la empresa esté coordinada y que los productos o servicios se entreguen a tiempo y con calidad.

- Componentes clave de un plan de operaciones

1. Flujo de trabajo

   El flujo de trabajo describe las etapas y actividades necesarias para producir y entregar el producto o servicio final. Un flujo de trabajo eficiente asegura que las tareas se realicen en el orden adecuado, optimizando los tiempos y recursos. La secuencia de actividades debe ser lógica y permitir la colaboración entre departamentos o equipos.

   ⇨ **Ejemplo:** En una empresa de fabricación de muebles, el flujo de trabajo podría incluir: diseño del producto, compra de materiales, producción, ensamblaje, control de calidad y empaque.

2. Cadena de suministro

   La cadena de suministro involucra la gestión de todos los proveedores, materiales y recursos necesarios para la producción. Incluye la selección de proveedores, negociación de precios, compra de insumos y control de inventarios. Una cadena de suministro eficiente garantiza que la empresa tenga los materiales necesarios para operar sin interrupciones y a costos razonables.

⇨ **Ejemplo:** En una cafetería, la cadena de suministro podría incluir proveedores de café, leche, azúcar y otros insumos, así como los acuerdos logísticos para recibir estos productos de forma regular y en óptimas condiciones.

3. Gestión de inventario

La gestión de inventario es crucial para asegurar que la empresa cuente con suficientes productos o materiales para cubrir la demanda sin exceder los niveles necesarios. Esto ayuda a reducir costos de almacenamiento y a evitar problemas de desabasto. Los métodos de gestión de inventario pueden incluir sistemas de punto de reorden, inventario justo a tiempo (JIT) o inventario de seguridad.

⇨ **Ejemplo:** Una tienda en línea de productos de belleza podría establecer un sistema de inventario mínimo para productos de alta demanda y reordenar automáticamente cuando el stock llegue a ese nivel.

4. Logística

La logística cubre el almacenamiento, la distribución y el transporte de productos hasta el cliente final. La logística eficiente asegura que los productos lleguen a tiempo, minimizando costos de transporte y optimizando las rutas de distribución. Puede involucrar la gestión de almacenes, transportistas y socios logísticos.

⇨ **Ejemplo:** Una tienda de moda en línea podría utilizar un centro de almacenamiento centralizado para gestionar sus inventarios y contratar servicios de mensajería para garantizar entregas rápidas.

5. Control de calidad

El control de calidad asegura que el producto o servicio cumpla con los estándares establecidos antes de llegar al cliente. Esto incluye la supervisión de cada etapa de producción, la realización de pruebas de calidad y la implementación de medidas correctivas si se detectan errores o defectos.

- ⇨ **Ejemplo:** Una fábrica de alimentos puede establecer un proceso de control de calidad en el que se verifique que cada lote cumpla con los estándares de seguridad alimentaria, asegurando que solo productos de alta calidad lleguen al cliente.

6. Mantenimiento de equipos e infraestructura

   En operaciones que dependen de maquinaria o equipos específicos, el mantenimiento es crucial para evitar interrupciones en la producción. Esto incluye la planificación de mantenimientos preventivos y la gestión de reparaciones para asegurar la continuidad de las operaciones.

   - ⇨ **Ejemplo:** Una empresa de manufactura de productos electrónicos puede programar revisiones periódicas de sus máquinas para evitar fallas, mejorar su rendimiento y maximizar su vida útil.

♦ Ejemplo de un plan de operaciones básico para una tienda en línea de ropa ecológica

1. **Flujo de trabajo:**
   - ⇨ **Etapas del flujo:** Diseño de las prendas, selección de materiales ecológicos, producción, control de calidad, empaque y envío.
   - ⇨ **Descripción:** Cada diseño es revisado por el equipo de diseño y aprobado antes de pasar a producción. El equipo de control de calidad revisa cada prenda antes de empaquetarla para asegurarse de que cumple con los estándares de la marca.
2. **Cadena de suministro:**
   - ⇨ **Proveedores:** Materiales orgánicos y sostenibles, como algodón orgánico y tintes naturales.
   - ⇨ **Gestión de proveedores:** La empresa colabora con proveedores locales para reducir costos de transporte y tiempos de entrega. También mantiene una relación sólida con varios proveedores para asegurar disponibilidad de materiales.

3. **Gestión de inventario:**

   ⇨ **Sistema de reorden:** El inventario se monitorea semanalmente para asegurar que haya suficientes materiales y productos. Cuando los niveles de stock de una prenda bajan al 30% de su capacidad, se realiza una nueva orden de producción.

   ⇨ **Inventario de productos:** Los productos se almacenan en un centro de distribución y se organizan por categorías para facilitar el proceso de envío.

4. **Logística:**

   ⇨ **Almacenamiento:** La empresa utiliza un centro de almacenamiento donde se mantienen las prendas en condiciones óptimas.

   ⇨ **Distribución:** Las ventas se realizan en línea, y los productos se envían directamente desde el almacén al cliente final mediante servicios de mensajería sostenibles.

   ⇨ **Transporte:** Colaboración con una empresa de transporte que ofrece opciones de envío neutro en carbono.

5. **Control de calidad:**

   ⇨ **Revisión de productos:** Cada prenda se inspecciona después de la producción para verificar la calidad de las costuras, el color y el acabado.

   ⇨ **Medidas correctivas:** En caso de detectar defectos, se envían las prendas al equipo de producción para reparación o reemplazo antes de su empaque.

6. **Mantenimiento de equipos:**

   ⇨ **Frecuencia de mantenimiento:** La maquinaria de costura y las herramientas de corte se revisan cada tres meses.

   ⇨ **Plan de mantenimiento preventivo:** Se programan mantenimientos preventivos para evitar fallas y asegurar que todos los equipos funcionen eficientemente.

Beneficios de un plan de operaciones bien estructurado

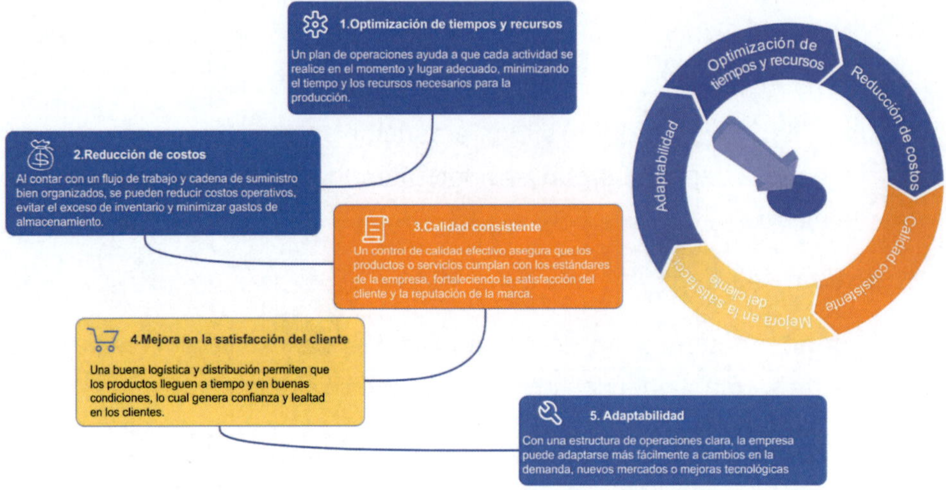

El plan de operaciones es fundamental para establecer cómo funciona la estructura interna de una empresa y cómo entrega sus productos o servicios al cliente final. Al definir claramente el flujo de trabajo, la cadena de suministro, la logística, el control de calidad y el mantenimiento, la empresa puede optimizar sus procesos, reducir costos y ofrecer productos de alta calidad de manera consistente. Una estructura de operaciones sólida no solo mejora la eficiencia, sino que también fortalece la competitividad y la capacidad de adaptación del negocio.

6.3. Plan jurídico-fiscal

El plan jurídico-fiscal establece las obligaciones legales y fiscales que debe cumplir una empresa para operar dentro de la normativa vigente en España. Este plan incluye la elección de la forma jurídica de la empresa, los impuestos aplicables, las obligaciones contables y la normativa laboral, entre otros aspectos.

Cumplir con estas obligaciones es esencial para evitar sanciones, mantener una estructura legal sólida y garantizar la estabilidad financiera de la empresa.

♦ Tipos de sociedades en España

La elección del tipo de sociedad es una de las decisiones fundamentales al crear una empresa en España, ya que cada forma jurídica tiene implicaciones legales, fiscales y contables diferentes. A continuación, se presentan los tipos de sociedades más comunes:

1. Empresario individual o autónomo

   ⇨ **Descripción:** Es la forma más sencilla y rápida para iniciar un negocio en España. El autónomo responde con su patrimonio personal frente a las deudas del negocio.

   ⇨ **Ventajas:** No se requiere capital mínimo, es fácil de crear y gestionar, y los trámites administrativos son mínimos.

   ⇨ **Desventajas:** La responsabilidad es ilimitada, lo cual implica que el empresario responde con su patrimonio personal ante posibles deudas.

2. Sociedad de Responsabilidad Limitada (SL)

   ⇨ **Descripción:** La Sociedad Limitada es la forma jurídica más utilizada para pequeñas y medianas empresas. Requiere un capital mínimo de 3.000 euros, y la responsabilidad de los socios está limitada al capital aportado.

   ⇨ **Ventajas:** Responsabilidad limitada, gestión simplificada y fiscalidad favorable en algunos casos.

   ⇨ **Desventajas:** Requiere formalidades adicionales y la presentación de cuentas anuales.

3. Sociedad Anónima (SA)

   ⇨ **Descripción:** La Sociedad Anónima es una forma jurídica más compleja, generalmente elegida por empresas que requieren mayor capital y buscan financiamiento externo. Requiere un capital mínimo de 60.000 euros.

- ⇨ **Ventajas:** La responsabilidad de los accionistas está limitada y permite la entrada de nuevos inversores.
- ⇨ **Desventajas:** Requiere un capital inicial elevado y tiene más requisitos de gestión y control, como auditorías externas.

4. Sociedad Cooperativa

- ⇨ **Descripción:** Es una sociedad formada por personas que se asocian para realizar actividades económicas con estructura democrática. Puede ser una cooperativa de trabajo, de consumo, entre otras.
- ⇨ **Ventajas:** Beneficios fiscales, gestión participativa y responsabilidad limitada.
- ⇨ **Desventajas:** Requiere un número mínimo de socios y no siempre es adecuada para todos los sectores.

5. Sociedad Limitada Nueva Empresa (SLNE)

- ⇨ **Descripción:** Variante de la Sociedad Limitada, con menos trámites de constitución y diseñada para pequeñas empresas. La SLNE permite trámites en línea para su creación y se adapta a negocios que necesitan una rápida constitución.
- ⇨ **Ventajas:** Constitución rápida, responsabilidad limitada, requisitos de capital flexibles.
- ⇨ **Desventajas:** Menos versátil que la SL en cuanto a cambios estructurales.

♦ Requisitos fiscales para empresas en España

Las empresas en España deben cumplir con ciertas obligaciones fiscales. Estas incluyen el pago de impuestos y la presentación de declaraciones a la Agencia Tributaria. Algunos de los impuestos principales son:

1. Impuesto sobre Sociedades (IS)

- ⇨ **Descripción:** Es el impuesto que grava los beneficios de las sociedades y entidades jurídicas. La tasa general es del 25%, aunque algunas empresas pueden acceder a tipos reducidos.

- ⇨ **Obligación:** Las sociedades deben presentar su declaración del Impuesto sobre Sociedades anualmente y realizar pagos a cuenta trimestrales.

2. Impuesto sobre el Valor Añadido (IVA)

   - ⇨ **Descripción:** Es el impuesto indirecto que se aplica a la venta de bienes y servicios. El tipo general de IVA en España es del 21%, aunque existen tipos reducidos para ciertos productos y servicios.

   - ⇨ **Obligación:** Las empresas deben liquidar el IVA de forma trimestral o mensual, dependiendo de su facturación, y presentar el Modelo 303 (autoliquidación del IVA).

3. Retenciones e ingresos a cuenta

   - ⇨ **Descripción:** Las empresas deben practicar retenciones sobre los ingresos de ciertos servicios (como profesionales independientes) y sobre las nóminas de sus empleados.

   - ⇨ **Obligación:** Las empresas deben presentar modelos específicos, como el Modelo 111 (retenciones de IRPF de trabajadores y profesionales) y el Modelo 190 (resumen anual de retenciones).

4. Impuesto sobre la Renta de las Personas Físicas (IRPF)

   - ⇨ **Descripción:** Aunque el IRPF es un impuesto que afecta directamente a las personas físicas, los autónomos y empresarios individuales deben presentar declaraciones de IRPF por sus ingresos.

   - ⇨ **Obligación:** Los autónomos deben hacer pagos fraccionados trimestrales y presentar la declaración anual de IRPF.

- ♦ Obligaciones contables y de presentación de cuentas

Las empresas en España tienen la obligación de llevar una contabilidad ordenada y de presentar cuentas anuales, que incluyen el balance, la cuenta de pérdidas y ganancias y la memoria explicativa. Algunas de las principales obligaciones contables son:

1. Llevanza de libros contables

   ⇨ Las empresas deben llevar libros contables que incluyan el Libro Diario, el Libro de Inventarios y Cuentas Anuales y, en algunos casos, el Libro Mayor.

   ⇨ Estos libros deben registrarse en el Registro Mercantil y mantenerse actualizados y organizados.

2. Presentación de cuentas anuales

   ⇨ Las sociedades deben presentar sus cuentas anuales en el Registro Mercantil, generalmente dentro de los seis meses siguientes al cierre del ejercicio.

   ⇨ La presentación de cuentas incluye el balance de situación, la cuenta de pérdidas y ganancias, el estado de cambios en el patrimonio neto, el estado de flujos de efectivo y la memoria.

3. Auditoría

   ⇨ Algunas empresas, como las sociedades anónimas, o aquellas que superen ciertos umbrales de ingresos, activos o empleados, están obligadas a realizar auditorías externas de sus cuentas anuales.

   ⇨ Las auditorías deben ser realizadas por un auditor registrado y sirven para garantizar la transparencia y veracidad de las cuentas de la empresa.

♦ Normativa laboral y de seguridad social

Las empresas deben cumplir con las leyes laborales y de seguridad social que protegen a los empleados. Las principales obligaciones laborales incluyen:

1. Afiliación y alta de los trabajadores

   ⇨ Antes de que un empleado comience a trabajar, la empresa debe darlo de alta en la Seguridad Social y registrarlo como trabajador.

   ⇨ Este trámite se realiza a través del sistema de la Tesorería General de la Seguridad Social (TGSS).

2. Cotizaciones a la Seguridad Social

   ⇨ La empresa está obligada a cotizar a la Seguridad Social por sus trabajadores, cubriendo aspectos como la jubilación, la asistencia sanitaria y el desempleo.

   ⇨ La cuota de la Seguridad Social se calcula en función del salario del trabajador y se paga mensualmente.

3. Prevención de riesgos laborales

   ⇨ La empresa debe implementar medidas de seguridad y salud en el lugar de trabajo para proteger a sus empleados de accidentes y enfermedades laborales.

   ⇨ Esto incluye la realización de evaluaciones de riesgos, la formación en seguridad laboral y la dotación de equipos de protección.

4. Contrato laboral y derechos de los empleados

   ⇨ Las empresas deben formalizar un contrato de trabajo con cada empleado, especificando las condiciones de trabajo, el salario y la duración.

   ⇨ Además, están obligadas a respetar los derechos laborales, como el salario mínimo, las vacaciones y las horas de trabajo.

El plan jurídico-fiscal es esencial para que las empresas en España operen de acuerdo con la legislación vigente y cumplan con sus obligaciones legales y fiscales. Al seleccionar el tipo de sociedad adecuado, gestionar correctamente sus impuestos y mantener la contabilidad actualizada, las empresas pueden evitar sanciones y construir una base sólida para su crecimiento. Además, cumplir con la normativa laboral y de seguridad social contribuye a crear un ambiente laboral seguro y respetuoso, lo cual es fundamental para el éxito a largo plazo de la empresa.

6.4. Plan de Recursos Humanos

El plan de Recursos Humanos (RRHH) es esencial para gestionar al equipo de trabajo y garantizar que las personas adecuadas estén en los roles adecuados, apoyando así los objetivos del negocio.

Un buen plan de RRHH incluye la definición clara de roles y responsabilidades, la planificación de personal y el desarrollo de una cultura organizativa que fomente la productividad y el bienestar de los empleados.

1. Definición de roles y responsabilidades

   La definición de roles y responsabilidades consiste en determinar las funciones de cada posición dentro de la empresa. Esto ayuda a asegurar que cada empleado entienda sus tareas y cómo su trabajo contribuye al éxito de la organización. La claridad en los roles evita solapamientos y mejora la eficiencia.

   ⇨ **Descripciones de puestos:**

   Cada rol debe contar con una descripción detallada que incluya:

   ⇨ **Tareas principales:** Responsabilidades diarias y actividades específicas.

   ⇨ **Habilidades y competencias necesarias:** Conocimientos técnicos, habilidades interpersonales, experiencia previa, etc.

   ⇨ **Objetivos del puesto:** Qué se espera que el empleado logre en el contexto de su rol.

   ⇨ **Relaciones jerárquicas:** Supervisores y subordinados, si los hay.

   ⇨ **Ejemplo:** Para un puesto de Gerente de Marketing, las responsabilidades podrían incluir desarrollar campañas, gestionar el equipo de marketing y coordinarse con otros departamentos. Las competencias necesarias serían habilidades en marketing digital, gestión de proyectos y liderazgo.

1. **Estructura organizativa:**

   Es importante que los roles y responsabilidades se integren en una estructura organizativa clara que refleje cómo están organizados los equipos y cómo fluyen las comunicaciones. La estructura puede ser:

   ⇨ **Funcional:** Dividida por funciones, como marketing, ventas, finanzas.

   ⇨ **Por proyectos:** Enfocada en equipos temporales o permanentes que trabajan en proyectos específicos.

- ⇨ **Híbrida:** Combinación de estructura funcional y por proyectos, permitiendo flexibilidad en la asignación de recursos.
- ⇨ **Ejemplo:** Una pequeña empresa de tecnología podría tener una estructura funcional, con departamentos de desarrollo, ventas, soporte al cliente y administración, cada uno liderado por un gerente.

2. Planificación de personal

La planificación de personal consiste en prever las necesidades de talento de la empresa a corto y largo plazo, asegurando que haya suficiente personal para cumplir con los objetivos. La planificación efectiva incluye la proyección de las necesidades de contratación, la gestión de talento y el desarrollo profesional de los empleados.

⇨ **Análisis de necesidades de personal:**

Es importante evaluar cuántos empleados y qué perfiles específicos se necesitan en cada etapa de crecimiento del negocio. Esto incluye estimar el número de trabajadores en función de la carga de trabajo y el presupuesto.

- **Ejemplo:** Una startup que espera lanzar un nuevo producto en seis meses podría prever la necesidad de contratar desarrolladores adicionales y un gerente de producto para llevar a cabo el lanzamiento.

⇨ **Plan de reclutamiento y selección:**

Definir el proceso de selección de personal es clave para atraer candidatos cualificados. Esto incluye:

- **Canales de reclutamiento:** Plataformas de empleo, redes sociales, recomendaciones internas, ferias de empleo.
- **Proceso de selección:** Cribado de CVs, entrevistas, pruebas técnicas o psicométricas, y verificación de referencias.
- **Criterios de contratación:** Basados en las competencias técnicas, habilidades interpersonales y alineación con la cultura organizativa.

- **Ejemplo:** Una empresa en crecimiento puede decidir publicar vacantes en LinkedIn y en portales especializados para encontrar perfiles de profesionales con experiencia en su industria.

⇨ **Plan de desarrollo y retención de talento:**

La retención de talento es clave para mantener la continuidad y experiencia dentro de la empresa. Esto incluye ofrecer oportunidades de desarrollo profesional y planes de carrera, así como reconocer y recompensar el desempeño.

- **Ejemplo:** Una empresa podría implementar un programa de capacitación continua, donde los empleados puedan asistir a cursos o talleres, o tener acceso a programas de mentoría para mejorar sus habilidades.

3. Cultura organizativa

La cultura organizativa es el conjunto de valores, creencias y prácticas que definen el ambiente de trabajo y cómo se comportan los empleados. Una cultura organizativa sólida fomenta la cohesión, la motivación y el compromiso del equipo. Es fundamental que la cultura organizativa esté alineada con los valores y objetivos de la empresa.

⇨ **Definición de valores y principios:**

Los valores son los principios que guían el comportamiento de la empresa y de sus empleados. Estos valores deben reflejarse en todas las decisiones y acciones de la empresa.

- **Ejemplo de valores:** Innovación, compromiso con el cliente, responsabilidad social, transparencia, trabajo en equipo.

⇨ **Ambiente de trabajo positivo:**

Crear un ambiente de trabajo saludable y positivo es fundamental para que los empleados se sientan cómodos y comprometidos. Esto incluye el fomento de la comunicación abierta, el respeto mutuo y el apoyo entre compañeros.

- **Ejemplo:** Una empresa que promueve la flexibilidad laboral y el equilibrio entre trabajo y vida personal puede implementar políticas de trabajo remoto y horarios flexibles.

⇨ **Fomento de la colaboración y la comunicación:**

La colaboración entre departamentos y la comunicación transparente son esenciales para el funcionamiento eficaz de la empresa. Esto se puede lograr mediante reuniones regulares, herramientas de comunicación interna y actividades de integración.

- **Ejemplo:** Una empresa de tecnología puede utilizar herramientas como Slack o Microsoft Teams para mejorar la comunicación entre los equipos y facilitar el trabajo colaborativo, incluso en un entorno de trabajo remoto.

⇨ **Reconocimiento y recompensas:**

Reconocer y recompensar el buen desempeño motiva a los empleados y fortalece su compromiso con la empresa. Los programas de reconocimiento pueden incluir recompensas monetarias, bonos, reconocimiento público o desarrollo de oportunidades profesionales.

- **Ejemplo:** Un programa de "Empleado del mes" o un sistema de bonos basado en el rendimiento puede ser una forma de reconocer los logros de los empleados y motivarlos a alcanzar sus metas.

♦ Ejemplo de un plan de Recursos Humanos básico para una empresa de software

1. **Definición de roles y responsabilidades:**

⇨ **Desarrollo de software:** Programadores, diseñadores de UX/UI y testers.

⇨ **Marketing:** Especialistas en marketing digital, gerente de redes sociales.

⇨ **Ventas y atención al cliente:** Ejecutivos de ventas y personal de soporte técnico.

⇨ **Administración y finanzas:** Contador, recursos humanos y gerente de operaciones.

2. **Planificación de personal:**

   ⇨ **Corto plazo:** Contratar dos desarrolladores adicionales y un especialista en marketing digital.

   ⇨ **Mediano plazo:** Incorporar un gerente de producto y ampliar el equipo de soporte técnico.

   ⇨ **Proceso de selección:** Utilizar LinkedIn y plataformas especializadas en tecnología para buscar candidatos; realizar entrevistas técnicas y evaluar las habilidades interpersonales en entrevistas finales.

3. **Cultura organizativa:**

   ⇨ **Valores:** Innovación, excelencia, colaboración, orientación al cliente.

   ⇨ **Ambiente de trabajo:** Fomentar un equilibrio entre el trabajo y la vida personal mediante la implementación de horarios flexibles y opciones de trabajo remoto.

   ⇨ **Colaboración:** Uso de herramientas como Slack y Zoom para facilitar la comunicación y el trabajo en equipo.

   ⇨ **Reconocimiento:** Programa trimestral de bonificaciones para el equipo de desarrollo que cumpla con los objetivos de innovación del producto.

El plan de Recursos Humanos es fundamental para asegurar que la empresa cuente con el talento adecuado y que los empleados se sientan comprometidos y motivados. Al definir roles y responsabilidades, planificar las necesidades de personal y desarrollar una cultura organizativa sólida, la empresa puede mejorar su productividad, reducir la rotación de personal y construir un equipo de trabajo alineado con sus objetivos y valores. La implementación de un plan de Recursos Humanos bien estructurado contribuye al éxito y crecimiento sostenido del negocio.

6.5. Plan económico-financiero

El plan económico-financiero es un componente esencial para la viabilidad y el crecimiento de una empresa. Este plan incluye la elaboración de un presupuesto, la proyección de ingresos y gastos, y la evaluación de la rentabilidad del negocio.

Tener un plan económico-financiero bien estructurado permite a los emprendedores tomar decisiones informadas, gestionar los recursos de manera efectiva y anticipar posibles problemas financieros.

1. Presupuesto

   El presupuesto es una estimación detallada de los ingresos y gastos previstos para un periodo determinado (generalmente un año). Permite planificar cómo se asignarán los recursos financieros y controlar el cumplimiento de las metas económicas de la empresa. Un presupuesto sólido incluye:

   ⇨ **Presupuesto de ingresos:**

   - Proyección de las ventas y otras fuentes de ingresos. Se debe estimar el volumen de ventas, los precios de los productos o servicios y cualquier otra fuente de ingresos, como inversiones o financiamiento externo.
   - **Ejemplo:** Una tienda en línea de ropa ecológica podría proyectar ingresos en función de la cantidad de prendas que espera vender cada mes y el precio promedio de cada producto.

   ⇨ **Presupuesto de gastos:**

   - Incluye todos los costos necesarios para el funcionamiento de la empresa, tanto fijos como variables. Los gastos pueden clasificarse en:

     Costos fijos: Alquiler, sueldos, servicios públicos.

     Costos variables: Materias primas, comisiones de ventas, gastos de distribución.

   - **Ejemplo:** Una empresa de software podría tener como costos fijos el salario de sus empleados y la renta de oficinas, y como costos variables las licencias de software y el marketing en redes sociales.

⇨ **Presupuesto de inversión:**

- Especifica las inversiones que la empresa necesita para crecer o mejorar sus operaciones, como la compra de maquinaria, equipo, tecnología o reformas.

- **Ejemplo:** Una cafetería que planea abrir una nueva sucursal podría incluir en su presupuesto de inversión el costo de renovación del local y la compra de equipo, como máquinas de café y mobiliario.

2. Proyección de ingresos y gastos

La proyección de ingresos y gastos permite anticipar el flujo de efectivo futuro y estimar si el negocio será rentable a largo plazo. Una proyección sólida considera los ingresos esperados, los gastos y el crecimiento proyectado. Las proyecciones pueden realizarse de manera mensual, trimestral o anual.

⇨ **Proyección de ingresos:**

- Basada en las ventas previstas y los precios del producto o servicio, así como en el crecimiento esperado. Esta proyección puede incluir:

  Ventas estimadas: Basadas en estudios de mercado, análisis de la competencia y expectativas de crecimiento.

  Otras fuentes de ingresos: Financiamiento, intereses de inversiones o ingresos esporádicos.

- **Ejemplo:** Una empresa de tecnología podría proyectar sus ingresos en función de las ventas de productos y de ingresos por servicios de soporte técnico que espera obtener mensualmente.

⇨ **Proyección de gastos:**

- Incluir tanto los gastos fijos como los variables, además de considerar factores externos como inflación, aumento en los precios de materias primas o cambios en los costos de logística.

- **Ejemplo:** Una tienda de alimentos saludables en línea podría proyectar gastos mensuales en función del costo de las materias primas, el alquiler del almacén y el presupuesto de marketing digital.

⇨ **Flujo de caja (cash flow):**

- El flujo de caja refleja el dinero que entra y sale de la empresa en un periodo determinado. Tener una proyección de flujo de caja permite identificar los momentos en que puede haber exceso de efectivo o déficit, lo cual ayuda a planificar el financiamiento.
- **Ejemplo:** Una empresa que vende productos por temporada podría proyectar un flujo de caja más alto en los meses de mayor demanda y ajustar sus gastos en los meses de menor venta.

La evaluación de la rentabilidad permite a los emprendedores medir si su negocio es capaz de generar ganancias y determinar el retorno de las inversiones. Existen varios indicadores clave para evaluar la rentabilidad:

⇨ **Punto de equilibrio (break-even point):**

- El punto de equilibrio es el nivel de ventas en el que los ingresos son iguales a los costos totales, es decir, donde no hay ni ganancias ni pérdidas. Alcanzar el punto de equilibrio es fundamental para asegurar la sostenibilidad del negocio.
- **Cálculo:** Punto de equilibrio = Costos fijos / (Precio de venta unitario - Costos variables unitarios)
- **Ejemplo:** Una empresa de fabricación de velas podría calcular su punto de equilibrio estimando cuántas unidades debe vender para cubrir sus costos fijos y variables.

⇨ **Margen de beneficio bruto y neto:**

- **Margen de beneficio bruto:** Es el porcentaje de las ventas que queda después de cubrir los costos directos de producción.

  Cálculo: Margen bruto = (Ingresos - Costos directos) / Ingresos x 100
- **Margen de beneficio neto:** Mide la rentabilidad después de cubrir todos los costos, incluidos los fijos, variables, financieros e impuestos.

Cálculo: Margen neto = (Ingresos - Todos los costos) / Ingresos x 100

- **Ejemplo:** Una tienda en línea que vende productos de belleza puede calcular estos márgenes para determinar qué porcentaje de sus ingresos es realmente rentable después de cubrir todos los costos.

⇨ **Retorno sobre la inversión (ROI):**

- El ROI mide el rendimiento de una inversión específica en relación con su costo. Es útil para evaluar si una inversión, como una campaña de marketing o la compra de equipo, genera un rendimiento adecuado.
- **Cálculo:** ROI = (Ganancia neta de la inversión - Costo de la inversión) / Costo de la inversión x 100
- **Ejemplo:** Una empresa de software que invierte en una campaña de marketing digital puede calcular el ROI de la campaña para saber si esta generó un retorno positivo en términos de clientes adquiridos y ventas.

⇨ **Índice de rentabilidad:**

- Este índice muestra cuánto retorno se obtiene por cada euro invertido en el negocio, ayudando a evaluar si los recursos se están utilizando eficientemente.
- **Cálculo:** Índice de rentabilidad = Valor actual neto de los flujos de caja futuros / Inversión inicial
- **Ejemplo:** Un emprendedor que evalúa dos proyectos distintos podría utilizar el índice de rentabilidad para comparar cuál de los proyectos tiene una mayor rentabilidad.

♦ Ejemplo de un plan económico-financiero para una pequeña empresa de comida saludable

1. **Presupuesto:**
    - ⇨ **Ingresos previstos:** 60.000 euros anuales por ventas de comida para llevar y suscripciones mensuales de clientes recurrentes.
    - ⇨ **Gastos previstos:**
        - ➤ **Costos fijos:** 12.000 euros de alquiler y servicios del local.
        - ➤ **Costos variables:** 30.000 euros anuales en ingredientes, empaques y comisiones de ventas en línea.
        - ➤ **Inversión inicial:** 10.000 euros en equipo de cocina y reforma del local.
2. **Proyección de ingresos y gastos:**
    - ⇨ **Ingresos mensuales:** Estimación de ventas de 5.000 euros por mes, con una previsión de crecimiento del 10% en el segundo semestre.
    - ⇨ **Gastos mensuales:** 1.000 euros en costos fijos y 2.500 euros en costos variables.
    - ⇨ **Flujo de caja:** Previsión de flujo positivo a partir del cuarto mes de operación, cuando la base de clientes recurrentes haya crecido.
3. **Evaluación de la rentabilidad:**
    - ⇨ **Punto de equilibrio:** Calcular el punto de equilibrio mensual en función de los costos fijos y variables.
    - ⇨ **Margen bruto estimado:** 40%, tras descontar el costo de ingredientes.
    - ⇨ **ROI de la inversión en equipo de cocina:** Se espera un retorno en el segundo año, una vez alcanzado el volumen de ventas proyectado.

El plan económico-financiero es esencial para gestionar y monitorear la salud financiera de un negocio. Al crear un presupuesto detallado, proyectar ingresos y gastos y evaluar la rentabilidad, los emprendedores pueden anticiparse a problemas financieros, tomar decisiones informadas y establecer una base sólida para el crecimiento. Este plan no solo ayuda a optimizar los recursos, sino que también proporciona una visión clara de la viabilidad económica del negocio a corto y largo plazo.

6.6. Desarrollo de un plan básico

Este ejercicio ayudará a los alumnos a desarrollar un esquema básico de cada uno de los subplanes del Plan de Actuación, comprendiendo los elementos fundamentales de un plan de marketing, plan de operaciones, plan jurídico-fiscal, plan de recursos humanos y plan económico-financiero. El objetivo es que puedan identificar los aspectos clave de cada área y estructuren una guía inicial que sirva como base para su negocio.

♦ Instrucciones para el ejercicio

1. Definir una idea de negocio

   ⇨ Antes de desarrollar los subplanes, cada alumno debe definir brevemente su idea de negocio, indicando el tipo de producto o servicio que ofrecerá, su público objetivo y el propósito del negocio.

2. Elaborar un esquema básico para cada subplan

   ⇨ Utilizando la guía y los ejemplos a continuación, los alumnos deben crear un esquema sencillo que cubra los elementos esenciales de cada subplan, adaptándolo a su negocio.

♦ Esquema para cada subplan

1. Plan de Marketing

   ⇨ **Segmentación de mercado:** Describe el perfil de los clientes objetivo. Define si la segmentación es geográfica, demográfica, psicográfica o conductual.

   ⇨ **Posicionamiento:** Explica cómo quieres que se perciba tu producto o servicio en el mercado y qué lo hace único frente a la competencia.

   ⇨ **Estrategia de precios:** Define los precios de tus productos o servicios, justificando si es un precio competitivo, premium o de penetración.

   ⇨ **Promoción:** Indica las estrategias de comunicación que utilizarás, como redes sociales, publicidad en línea, promociones, etc.

   ⇨ **Distribución:** Describe cómo llegarán tus productos o servicios al cliente final (venta directa, tienda en línea, distribuidores, etc.).

- **Ejemplo de esquema para una tienda en línea de cosméticos naturales:**
  - **Segmentación:** Mujeres de 25 a 40 años, interesadas en productos de belleza orgánicos y sostenibles.
  - **Posicionamiento:** Marca de cosmética natural premium, segura para la piel y respetuosa con el medio ambiente.
  - **Precio:** Precio medio-alto para reflejar la calidad de los ingredientes y el proceso de fabricación.
  - **Promoción:** Publicidad en redes sociales, colaboraciones con influencers y campañas de email marketing.
  - **Distribución:** Venta a través de la tienda en línea y envíos a nivel nacional.

2. Plan de Operaciones

- **Flujo de trabajo:** Describe el proceso de producción o prestación del servicio, desde la creación hasta la entrega al cliente.
- **Cadena de suministro:** Define los proveedores clave y los materiales o recursos necesarios para el negocio.
- **Gestión de inventario:** Explica cómo controlarás los niveles de stock y cuándo reabastecerás.
- **Logística:** Describe el proceso de entrega y distribución de los productos.
- **Control de calidad:** Indica cómo asegurarás que los productos o servicios cumplan con los estándares.
- **Ejemplo de esquema para una cafetería artesanal:**
  - **Flujo de trabajo:** Recepción de ingredientes, preparación de café y alimentos, servicio al cliente.
  - **Cadena de suministro:** Proveedores locales de café, leche, ingredientes de repostería.

- **Gestión de inventario:** Revisiones semanales del stock y pedidos anticipados.
- **Logística:** Entrega en local y servicio de comida para llevar.
- **Control de calidad:** Degustación diaria de productos y revisión de la frescura de los ingredientes.

3. Plan Jurídico-Fiscal

   - **Tipo de sociedad:** Define la estructura jurídica de la empresa (autónomo, Sociedad Limitada, etc.).
   - **Obligaciones fiscales:** Identifica los impuestos que deberás pagar, como el IVA, el Impuesto de Sociedades o el IRPF.
   - **Obligaciones contables:** Explica los registros contables que llevarás (como el libro diario y el libro de inventarios) y la frecuencia de presentación de cuentas.
   - **Normativa laboral:** Indica las obligaciones laborales y de seguridad social si tienes empleados.
   - **Ejemplo de esquema para una tienda de ropa online:**
     - **Tipo de sociedad:** Sociedad Limitada (SL) para limitar la responsabilidad personal.
     - **Obligaciones fiscales:** IVA (modelo 303) y el Impuesto de Sociedades (modelo 200).
     - **Obligaciones contables:** Contabilidad mensual, presentación de cuentas anuales en el Registro Mercantil.
     - **Normativa laboral:** Contratos de trabajo, alta de empleados en la Seguridad Social, cotizaciones y prevención de riesgos.

4. Plan de Recursos Humanos

   - **Roles y responsabilidades:** Define los puestos necesarios en el negocio y sus principales responsabilidades.
   - **Planificación de personal:** Estima el número de empleados que necesitarás y si los contratarás a corto o largo plazo.

- ⇨ **Cultura organizativa:** Describe los valores y la filosofía de trabajo de la empresa para motivar y alinear al equipo.
- ⇨ **Ejemplo de esquema para una agencia de marketing digital:**
  - ➤ **Roles y responsabilidades:** Gerente de proyecto, diseñador gráfico, especialista en redes sociales, redactor de contenido.
  - ➤ **Planificación de personal:** Contratar inicialmente a dos personas y ampliar el equipo en seis meses si se cumple el crecimiento proyectado.
  - ➤ **Cultura organizativa:** Fomentar la creatividad, la colaboración y el aprendizaje continuo; enfoque en la flexibilidad y el equilibrio entre trabajo y vida personal.

5. Plan Económico-Financiero
   - ⇨ **Presupuesto:** Define los ingresos y gastos previstos, tanto fijos como variables, y estima el capital inicial necesario.
   - ⇨ **Proyección de ingresos y gastos:** Realiza una estimación mensual o trimestral de tus ventas y costos, identificando picos y posibles periodos de menor actividad.
   - ⇨ **Evaluación de la rentabilidad:** Incluye el punto de equilibrio, margen de beneficio y retorno sobre la inversión (ROI).
   - ⇨ **Ejemplo de esquema para una pequeña tienda de artesanías en línea:**
     - ➤ **Presupuesto:** Ingresos estimados de 2.000 euros mensuales, con gastos fijos de 500 euros y gastos variables del 40% de las ventas.
     - ➤ **Proyección de ingresos y gastos:** Aumento de ingresos en un 10% mensual durante el primer semestre; los costos se mantendrán estables.
     - ➤ **Evaluación de la rentabilidad:** Punto de equilibrio a los tres meses; margen de beneficio bruto del 30%.

- Posibles soluciones y consejos

1. Realismo en las proyecciones

   Al elaborar el presupuesto y la proyección de ingresos y gastos, es importante ser realista y basarse en datos de mercado o experiencias similares. Evita sobreestimar los ingresos o subestimar los costos.

2. Flexibilidad en los planes

   Recuerda que los planes pueden ajustarse. Si algún aspecto no se cumple como se esperaba (por ejemplo, los costos son más altos de lo previsto), revisa y adapta el plan según sea necesario.

3. **Definir indicadores de éxito para cada subplan:**

   Incluye métricas específicas para evaluar el éxito de cada subplan, como el crecimiento en ventas para el plan de marketing o la satisfacción del cliente en el plan de operaciones.

4. **Alineación entre subplanes:**

   Asegúrate de que todos los subplanes estén alineados con los objetivos generales de la empresa. Por ejemplo, el plan de recursos humanos debe respaldar el plan de operaciones, y el plan económico-financiero debe considerar las necesidades del plan de marketing.

Este ejercicio proporciona a los alumnos una estructura clara y práctica para desarrollar cada subplan necesario en el Plan de Actuación. Al crear un esquema para el plan de marketing, plan de operaciones, plan jurídico-fiscal, plan de recursos humanos y plan económico-financiero, los alumnos estarán mejor preparados para implementar su idea de negocio de manera organizada y efectiva.

7. Calendario para el emprendedor.

7.1. Importancia de la planificación temporal

La planificación temporal es fundamental en el emprendimiento, ya que permite organizar y priorizar tareas, optimizar el uso de los recursos y evitar la sobrecarga de trabajo.

Un calendario ayuda a los emprendedores a estructurar sus actividades, cumplir con los plazos establecidos y alcanzar sus objetivos en el tiempo previsto. Además, el calendario facilita la adaptación a cambios o imprevistos y mejora la eficiencia al dar claridad sobre qué hacer y cuándo hacerlo.

♦ Beneficios clave de la planificación temporal para el emprendedor

1. Organización y estructura

   Un calendario permite estructurar las actividades en función de su importancia y urgencia, proporcionando un marco claro de trabajo que facilita la organización y el seguimiento del progreso. Sin una planificación temporal, es fácil perder la visión general de las tareas, lo que puede llevar a olvidos, retrasos y pérdida de eficiencia.

   ⇨ **Ejemplo:** Un emprendedor que utiliza un calendario semanal puede organizar sus actividades, asignando tiempo para la creación de contenido de marketing, reuniones con clientes y tareas administrativas, evitando la acumulación de actividades en un solo día.

2. Priorización de tareas

   Al tener una lista de tareas asignadas a fechas específicas, es más fácil identificar qué actividades son prioritarias y cuáles pueden postergarse si es necesario. La priorización es especialmente importante en etapas de crecimiento o cuando surgen imprevistos que requieren una rápida adaptación.

   ⇨ **Ejemplo:** Un emprendedor que lance un nuevo producto puede utilizar el calendario para priorizar las etapas críticas, como la producción, el marketing de lanzamiento y la logística, asegurando que estas actividades se realicen en el tiempo adecuado.

3. Optimización del tiempo y los recursos

   Planificar con antelación permite maximizar el uso del tiempo y los recursos, evitando periodos de inactividad o sobrecarga de trabajo. La planificación ayuda a equilibrar las tareas para evitar el agotamiento y para asegurar que se avance de manera continua hacia las metas del negocio.

⇨ **Ejemplo:** Un emprendedor que gestiona tanto ventas como operaciones puede organizar su calendario para dedicar tiempo específico a cada área, evitando descuidar una por atender exclusivamente a la otra.

4. Establecimiento y cumplimiento de plazos

   Un calendario ayuda a cumplir con los plazos al establecer fechas claras para cada tarea o proyecto. Cumplir con los plazos genera confianza en los clientes, inversionistas y colaboradores, y también ayuda al emprendedor a mantener una reputación profesional.

   ⇨ **Ejemplo:** Al fijar plazos de entrega para los pedidos, un emprendedor de una tienda en línea puede programar la preparación de los productos y la logística para garantizar que los pedidos lleguen puntualmente a los clientes.

5. Facilita la adaptación y flexibilidad

   La planificación temporal permite que el emprendedor se adapte a cambios imprevistos sin afectar la estructura general del negocio. Con un calendario, es más sencillo reorganizar tareas, asignar nuevos plazos y ajustar los recursos según las necesidades.

   ⇨ **Ejemplo:** Si surge una oportunidad de colaboración inesperada, el emprendedor puede revisar su calendario y reorganizar tareas para aprovecharla, sin que las actividades esenciales se vean perjudicadas.

♦ Cómo estructurar un calendario eficaz para el emprendimiento

1. Definir los objetivos y fechas clave

   Identifica las metas principales y establece fechas para cada una. Estas metas pueden incluir lanzamientos de productos, eventos, campañas de marketing o hitos financieros. Con esta visión general, es posible estructurar el calendario a largo plazo.

   ⇨ **Ejemplo:** Una empresa que planea lanzar un producto en seis meses puede establecer hitos mensuales para el diseño, la producción, el marketing y las ventas.

2. Dividir el calendario en periodos específicos

   Divide el calendario en periodos (semanas, meses o trimestres) y asigna las tareas principales a cada periodo. Esto permite tener una visión clara de lo que se debe lograr en cada fase y ayuda a mantener el enfoque en las metas a corto plazo.

   ⇨ **Ejemplo:** Para una tienda en línea, el primer trimestre del año puede incluir actividades como el análisis de inventario, la renovación de productos y la planificación de campañas de ventas para fechas especiales como el Día de San Valentín.

3. Asignar tiempo para cada tarea

   Para evitar la sobrecarga de trabajo, asigna un tiempo específico para cada actividad y respeta los horarios establecidos. Esta técnica también ayuda a evaluar el tiempo necesario para cada tarea y mejora la precisión en la planificación futura.

   ⇨ **Ejemplo:** Un emprendedor que trabaja en marketing digital puede reservar las mañanas para crear contenido y las tardes para analizar datos y resultados, manteniendo un equilibrio entre tareas creativas y analíticas.

4. Identificar y programar las tareas prioritarias

   Las tareas críticas, que tienen un mayor impacto en el éxito del negocio, deben programarse de forma prioritaria. Utilizar herramientas como la matriz de Eisenhower (urgente/importante) puede ayudar a diferenciar entre tareas urgentes e importantes y asignarles el tiempo adecuado.

   ⇨ **Ejemplo:** Un emprendedor que necesita cumplir con un pedido de gran volumen puede asignar recursos y tiempo adicionales para la producción y la logística, postergando actividades menos urgentes como la actualización del sitio web.

5. Revisar y ajustar el calendario regularmente

   Un calendario efectivo es flexible y permite realizar ajustes según el avance y las necesidades del negocio. Es recomendable realizar revisiones semanales o mensuales para ajustar tiempos, reprogramar tareas y asegurar que el calendario siga alineado con los objetivos.

⇨ **Ejemplo:** Una vez al mes, el emprendedor puede revisar su calendario y ajustar las tareas del siguiente mes en función de los resultados obtenidos y las prioridades emergentes.

♦ Herramientas y técnicas para crear un calendario eficiente

1. **Herramientas digitales:**

   Aplicaciones como Google Calendar, Trello o Asana permiten crear calendarios interactivos y personalizables. Estas herramientas facilitan la organización de tareas, el establecimiento de recordatorios y la colaboración en equipo.

2. **Método de bloque de tiempo:**

   Este método implica asignar bloques de tiempo específicos a ciertas categorías de tareas, como ventas, administración o marketing. Esto permite enfocarse en una tarea a la vez y reducir las distracciones.

3. **Calendarios físicos o agendas:**

   Algunas personas prefieren los calendarios impresos o las agendas para una visión más tangible de sus actividades. Las agendas semanales y mensuales pueden ayudar a organizar el trabajo diario y el avance de proyectos más largos.

4. **Matriz de Eisenhower:**

   Esta técnica organiza las tareas en función de su importancia y urgencia, clasificándolas en cuadrantes:

   ⇨ Importante y urgente.

   ⇨ Importante pero no urgente.

   ⇨ Urgente pero no importante.

   ⇨ No importante y no urgente. Esto ayuda a decidir qué tareas deben hacerse de inmediato, cuáles planificar y cuáles delegar o eliminar.

La planificación temporal es esencial para que los emprendedores mantengan el control sobre sus actividades, gestionen sus recursos eficientemente y avancen hacia sus objetivos de manera organizada.

Un calendario permite estructurar y priorizar las tareas, adaptarse a los cambios y evitar la sobrecarga de trabajo, mejorando así la productividad y el equilibrio entre la vida personal y laboral. Al implementar un calendario, el emprendedor puede dar un enfoque claro y realista a sus actividades diarias y a sus metas de largo plazo, estableciendo una base sólida para el éxito de su negocio.

7.2. Desglose de tareas por fases

Un calendario eficaz ayuda al emprendedor a dividir los proyectos grandes en fases manejables, asignando tiempos específicos para cada actividad y asegurando que las tareas críticas se completen a tiempo. A continuación, se presentan ejemplos de cronogramas para el lanzamiento de un producto y para la expansión de un negocio, con cada tarea dividida en fases para facilitar la planificación y el seguimiento.

- **Ejemplo 1:** Cronograma para el lanzamiento de un producto

Escenario: Una empresa de cosméticos planea lanzar una nueva línea de cremas hidratantes naturales en seis meses.

El cronograma divide el proyecto en fases, desde la investigación inicial hasta el lanzamiento y las actividades posteriores.

Duración total: 6 meses

Fase 1: Investigación y desarrollo del producto (Mes 1 a Mes 2)

- **Tareas:**
    - Realizar investigación de mercado para identificar tendencias y preferencias del cliente.
    - Definir la fórmula y los ingredientes de la crema.
    - Establecer los requisitos de calidad y seguridad.
    - Realizar pruebas iniciales del producto.
- **Objetivo:** Tener un producto desarrollado y probado que cumpla con los estándares de calidad.

Fase 2: Diseño y producción (Mes 2 a Mes 3)

- **Tareas:**
    - Diseñar el empaque del producto en consonancia con la marca.
    - Seleccionar a los proveedores de materiales y empaques sostenibles.
    - Producir los primeros lotes del producto para pruebas finales y promoción.
- **Objetivo:** Contar con un stock inicial de producto listo para el lanzamiento.

Fase 3: Estrategia de marketing y pre-lanzamiento (Mes 3 a Mes 5)

⇨ **Tareas:**

- Crear una campaña de marketing que incluya redes sociales, influencers y promociones de lanzamiento.
- Realizar sesiones fotográficas del producto para el contenido visual.
- Desarrollar contenido promocional y de lanzamiento para el sitio web y las redes sociales.
- Organizar una preventa exclusiva o muestra gratuita para clientes selectos.

⇨ **Objetivo:** Generar expectativa y demanda por el producto antes del lanzamiento.

Fase 4: Lanzamiento oficial (Mes 5)

⇨ **Tareas:**

- Activar la campaña de marketing en redes sociales y sitio web.
- Enviar comunicados de prensa y colaboraciones con influencers o medios especializados.
- Iniciar la venta oficial en línea y, si aplica, en tiendas físicas.
- Monitorear las primeras ventas y recibir feedback de los clientes.

⇨ **Objetivo:** Tener un lanzamiento exitoso que atraiga a los primeros compradores y cree visibilidad de marca.

Fase 5: Seguimiento post-lanzamiento (Mes 6)

⇨ **Tareas:**

- Recopilar y analizar feedback de los clientes.
- Evaluar las métricas de ventas y el rendimiento de la campaña de marketing.

- Ajustar estrategias de marketing en función de los resultados y continuar con la promoción.

⇨ **Objetivo:** Optimizar el producto y las estrategias de marketing con base en los datos obtenidos tras el lanzamiento.

♦ **Ejemplo 2:** Cronograma para la expansión de un negocio

Escenario: Una cafetería exitosa planea abrir una segunda sucursal en un año. El cronograma se organiza en fases que cubren desde la investigación y selección del lugar hasta la apertura de la nueva sucursal.

Duración total: 12 meses

Fase 1: Investigación y planificación (Mes 1 a Mes 3)

⇨ **Tareas:**

- Realizar un análisis de mercado en posibles ubicaciones para la nueva sucursal.
- Establecer un presupuesto para la expansión, que incluya alquiler, reformas y costos de operación.
- Definir el concepto y estilo de la nueva sucursal para garantizar la coherencia con la marca.

⇨ **Objetivo:** Tomar una decisión informada sobre la ubicación y el presupuesto de la nueva sucursal.

Fase 2: Selección del local y preparación (Mes 4 a Mes 6)

⇨ **Tareas:**

- Negociar y firmar el contrato de alquiler del local seleccionado.
- Contratar a arquitectos y diseñadores para la reforma y el diseño del interior.
- Obtener permisos y licencias necesarias para operar la cafetería en la nueva ubicación.

⇨ **Objetivo:** Asegurar el local y avanzar en las reformas necesarias para la apertura.

Fase 3: Reclutamiento y formación de personal (Mes 6 a Mes 8)

⇨ **Tareas:**

- Contratar empleados para la nueva sucursal, incluyendo baristas, personal de cocina y atención al cliente.
- Ofrecer capacitación sobre la preparación de productos, atención al cliente y procedimientos de la empresa.

⇨ **Objetivo:** Contar con un equipo preparado y alineado con los estándares de calidad del negocio.

Fase 4: Marketing de pre-apertura y promoción (Mes 8 a Mes 10)

⇨ **Tareas:**

- Desarrollar una campaña de marketing local para dar a conocer la nueva sucursal (anuncios en redes sociales, flyers, colaboraciones).
- Organizar una apertura anticipada para familiares, amigos y clientes leales a modo de prueba.
- Crear contenido sobre la apertura en redes sociales y medios locales.

⇨ **Objetivo:** Crear expectativa y captar clientes potenciales antes de la apertura oficial.

Fase 5: Apertura oficial (Mes 11)

⇨ **Tareas:**

- Realizar la apertura oficial de la nueva sucursal con promociones especiales de bienvenida.
- Asegurar que el equipo esté preparado para la demanda inicial y que los sistemas (punto de venta, inventarios) funcionen correctamente.

⇨ **Objetivo:** Realizar una apertura exitosa que atraiga a los clientes y establezca la presencia de la cafetería en la nueva ubicación.

Fase 6: Evaluación y seguimiento post-apertura (Mes 12)

⇨ **Tareas:**

- Monitorear la satisfacción del cliente y las métricas de ventas.
- Realizar ajustes en la operación o en el marketing según los resultados obtenidos en el primer mes.
- Planificar futuras campañas de fidelización o promoción.

⇨ **Objetivo:** Estabilizar la operación y mejorar continuamente la experiencia del cliente en la nueva sucursal.

Dividir los proyectos en fases y asignar tareas específicas en un cronograma ayuda a los emprendedores a llevar a cabo sus planes de manera organizada y eficiente. Al utilizar un calendario para el lanzamiento de un producto o la expansión de un negocio, se puede asegurar que todas las tareas se realicen en el orden y tiempo adecuados, minimizando errores y optimizando recursos. Esta planificación no solo facilita el seguimiento y control del avance, sino que también permite adaptarse rápidamente a imprevistos, contribuyendo al éxito de los proyectos del emprendimiento.

7.3. Revisión y ajuste del calendario

La revisión y el ajuste periódico del calendario son fundamentales para que los emprendedores mantengan una planificación eficiente y adaptable. En el entorno empresarial, los cambios y las oportunidades inesperadas son comunes, y contar con un calendario flexible permite que el emprendedor pueda adaptarse sin desorganizar su agenda general. A continuación, se presentan consejos prácticos para mantener un calendario flexible y realizar ajustes que ayuden a responder a las necesidades cambiantes del negocio.

♦ Consejos para mantener un calendario flexible

1. Establecer revisiones periódicas

   Programar revisiones periódicas del calendario permite evaluar el progreso y detectar cualquier retraso o cambio en las prioridades. Estas revisiones pueden realizarse semanal, quincenal o mensualmente, dependiendo del ritmo de trabajo.

Las revisiones regulares facilitan la detección temprana de problemas y el ajuste de tareas para asegurar que el emprendedor avance en la dirección correcta.

⇨ **Consejo:** Reserva tiempo específico en tu calendario para revisar el plan semanal o mensual. Durante estas revisiones, evalúa el estado de cada tarea y prioriza las pendientes para la siguiente semana o mes.

2. Priorizar las tareas críticas y ser flexible con las secundarias

   Mantén como prioridad las tareas que son esenciales para el negocio, mientras que las tareas secundarias pueden ajustarse o posponerse según sea necesario. Esto permite reorganizar el calendario en caso de imprevistos sin sacrificar el cumplimiento de los objetivos clave.

   ⇨ **Consejo:** Identifica las tareas críticas en cada revisión y asegúrate de que estas cuenten con tiempos bien definidos y protegidos de cambios, dejando espacio para ajustar las tareas menos urgentes si surgen situaciones imprevistas.

3. Usar bloques de tiempo ajustables

   Los bloques de tiempo permiten organizar las tareas de manera que cada actividad cuente con un periodo definido. Sin embargo, mantener estos bloques con cierta flexibilidad es útil para adaptar el horario. Por ejemplo, podrías reservar dos horas para el desarrollo de una actividad y, si es necesario, modificar ese bloque para resolver alguna situación urgente.

   ⇨ **Consejo:** Establece bloques de tiempo de manera general (como "trabajo creativo" o "reuniones"), en lugar de tareas específicas, para permitir adaptaciones rápidas sin reestructurar todo el calendario.

4. Incluir tiempo de amortiguación entre actividades

   Al dejar tiempos de amortiguación entre las tareas, se reduce el estrés si alguna actividad lleva más tiempo de lo esperado o si surge alguna tarea de última hora. Estos intervalos permiten al emprendedor adaptarse sin impactar el resto de su agenda.

⇨ **Consejo:** Programa descansos de 15 a 30 minutos entre bloques de actividades importantes. Esto no solo ofrece tiempo de recuperación, sino que también permite extender alguna tarea si es necesario.

5. Mantener un margen para imprevistos y oportunidades

Reservar un margen de tiempo semanal o mensual para imprevistos permite que el calendario se adapte a cambios inesperados o oportunidades que puedan surgir. Si no hay urgencias, ese tiempo puede dedicarse a tareas pendientes o actividades de planificación estratégica.

⇨ **Consejo:** Dedica una tarde a la semana o un bloque de horas cada mes a actividades imprevistas. Si no hay nada urgente, utiliza este tiempo para avanzar en proyectos secundarios o mejorar procesos.

6. Evaluar el tiempo real invertido en cada actividad

Después de completar cada actividad importante, evalúa si el tiempo invertido fue adecuado o si necesitaste más o menos tiempo del previsto.

Esto permite realizar ajustes precisos en el calendario para futuras tareas similares, mejorando la precisión de la planificación.

⇨ **Consejo:** Al final de la semana, analiza el tiempo real dedicado a cada actividad y ajusta los bloques de tiempo en el calendario para reflejar el tiempo necesario con mayor precisión.

7. Adoptar herramientas de planificación que permitan cambios rápidos

Utilizar herramientas de planificación como Google Calendar, Asana o Trello permite realizar ajustes rápidos en el calendario, mover tareas de un día a otro y comunicar los cambios al equipo (si lo hay) en tiempo real. Estas herramientas también permiten acceder al calendario desde cualquier dispositivo, facilitando la actualización constante.

⇨ **Consejo:** Escoge una herramienta que te permita asignar etiquetas o colores a tareas según su prioridad, de modo que puedas reorganizarlas fácilmente en función de los cambios de última hora.

8. Comunicar cambios a tiempo

   Si trabajas en equipo, es importante comunicar los cambios de calendario a los colaboradores con antelación para evitar confusiones y coordinar las tareas que dependan de otros. Esto facilita la adaptación de todo el equipo y evita que los cambios afecten la productividad colectiva.

   ⇨ **Consejo:** Si realizas cambios en tareas conjuntas o reuniones, notifícalo al equipo a través de la misma herramienta de planificación, dejando claro el motivo y el nuevo horario o fecha.

♦ Ejemplo de ajuste en el calendario para un lanzamiento de producto

Imagina que un emprendedor está lanzando una línea de ropa sostenible y ha planificado el lanzamiento para dentro de dos meses. Durante una revisión mensual, se da cuenta de que la producción se retrasará una semana debido a problemas con el proveedor de materiales. Esto requiere ajustar el calendario de manera flexible.

1. **Revisión y ajuste:**

   Durante la revisión mensual, el emprendedor nota el retraso en la producción, lo que afecta el cronograma del lanzamiento.

2. **Reasignación de tareas críticas y ajuste de otras:**

   Para compensar el retraso, decide posponer algunas tareas de marketing no esenciales para priorizar la comunicación con el proveedor y gestionar el inventario con mayor precisión.

3. **Uso de tiempo de amortiguación:**

   Utiliza un bloque de tiempo previamente reservado para imprevistos para contactar a proveedores alternativos y evaluar opciones que permitan acelerar la producción.

4. **Margen para imprevistos:**

   El emprendedor había dejado un margen de una semana adicional para el lanzamiento, lo que ahora se convierte en el nuevo plazo de lanzamiento.

5. **Comunicación de cambios:**

   El emprendedor informa al equipo de marketing y ventas sobre el ajuste en el calendario, asegurando que el cambio no afecte las tareas de promoción.

Un calendario flexible es esencial para que los emprendedores puedan adaptarse a los cambios sin perder el rumbo en sus objetivos. Realizar revisiones periódicas, priorizar tareas críticas, usar herramientas de planificación y reservar márgenes para imprevistos permiten mantener el control del proyecto, incluso cuando surgen situaciones inesperadas. Al seguir estos consejos, el emprendedor puede ajustar el calendario de manera estratégica, asegurando que tanto él como su equipo avancen hacia el éxito del negocio sin estrés innecesario y con mayor eficacia.

7.4. Actividad de planificación temporal

Este ejercicio permitirá a los alumnos desarrollar un calendario detallado que abarque las fases necesarias para la puesta en marcha de su negocio. La actividad ayudará a los alumnos a definir los plazos para cada tarea clave, organizar el flujo de trabajo y planificar recursos, proporcionando un plan temporal claro y estructurado que puedan ajustar conforme avance su proyecto.

- Instrucciones para la actividad

1. Definir los objetivos del negocio

   Antes de crear el calendario, cada alumno debe definir los objetivos clave de su negocio y determinar los hitos principales para la puesta en marcha, como el desarrollo del producto, las estrategias de marketing y el lanzamiento oficial.

2. Identificar las fases de puesta en marcha

   Dividir el proceso de lanzamiento en fases principales, como investigación de mercado, desarrollo del producto o servicio, marketing de pre-lanzamiento, lanzamiento y seguimiento post-lanzamiento. Cada fase debe tener un conjunto de tareas que se puedan programar en el calendario.

3. Asignar plazos a cada fase y tarea

   Para cada fase, establecer una duración y asignar fechas específicas de inicio y finalización. Esto ayudará a los alumnos a visualizar el tiempo total necesario para la puesta en marcha y a organizar el trabajo de forma gradual.

4. Incluir bloques de tiempo para revisiones y ajustes

   Asegurarse de incluir tiempos de revisión periódica y márgenes para posibles imprevistos, de modo que el calendario sea flexible y pueda ajustarse a cambios o retrasos.

5. Crear el calendario en una herramienta de planificación

   Los alumnos pueden utilizar herramientas digitales como Google Calendar, Trello, Asana, o una agenda física para organizar las tareas. Es importante que cada fase y tarea esté claramente marcada en el calendario, con recordatorios o notificaciones para mantener el seguimiento.

- Ejemplo de un calendario para la puesta en marcha de un negocio de ropa en línea

  Escenario: Una estudiante planea lanzar una tienda en línea de ropa sostenible en un plazo de cinco meses. A continuación, se muestra un ejemplo de cómo estructurar el calendario.

  Duración total: 5 meses

  Fase 1: Investigación y planificación inicial (Mes 1)

  - **Tareas:**
    - Realizar un estudio de mercado para identificar a los clientes potenciales y las tendencias en ropa sostenible.
    - Analizar a la competencia y definir la propuesta de valor.
    - Establecer el presupuesto y seleccionar el tipo de sociedad.
  - **Plazo:** 4 semanas

- ⇨ **Objetivo:** Tener una base sólida para el concepto y viabilidad del negocio.

Fase 2: Desarrollo de la marca y creación del producto (Mes 2)

- ⇨ **Tareas:**
  - Diseñar el logotipo y la identidad visual de la marca.
  - Seleccionar proveedores de materiales y confección que cumplan con los estándares de sostenibilidad.
  - Producir un primer lote de productos para muestras.
- ⇨ **Plazo:** 4 semanas
- ⇨ **Objetivo:** Definir la identidad de la marca y asegurar una producción de calidad.

Fase 3: Creación de la tienda en línea y preparación para el marketing (Mes 3 a Mes 4)

- ⇨ **Tareas:**
  - Desarrollar y lanzar la tienda en línea con una interfaz fácil de usar.
  - Fotografiar los productos para la tienda y redes sociales.
  - Planificar la estrategia de marketing y redes sociales (Instagram, Facebook, TikTok).
  - Crear contenido de pre-lanzamiento, como fotos de productos y publicaciones de marca.
- ⇨ **Plazo:** 8 semanas
- ⇨ **Objetivo:** Tener una tienda en línea funcional y una campaña de marketing para atraer al público antes del lanzamiento.

Fase 4: Estrategia de pre-lanzamiento y preventa (Mes 4 a Mes 5)

- ⇨ **Tareas:**
  - Activar la campaña de pre-lanzamiento en redes sociales para generar expectativa.

- Ofrecer una preventa exclusiva para clientes interesados y enviar muestras a influencers seleccionados.
- Realizar ajustes en la tienda en línea y en el inventario según el feedback recibido.

⇨ **Plazo:** 4 semanas

⇨ **Objetivo:** Generar demanda y captar clientes potenciales antes del lanzamiento.

Fase 5: Lanzamiento oficial (Mes 5)

⇨ **Tareas:**

- Realizar el lanzamiento oficial de la tienda en línea.
- Activar promociones de lanzamiento, como descuentos y envíos gratuitos.
- Monitorear el rendimiento de ventas y el tráfico en la tienda en línea.

⇨ **Plazo:** 1 semana

⇨ **Objetivo:** Lograr un lanzamiento exitoso y atraer las primeras ventas.

Fase 6: Seguimiento post-lanzamiento y mejora continua (Final de Mes 5)

⇨ **Tareas:**

- Analizar las métricas de ventas y la respuesta del cliente.
- Implementar mejoras en la tienda en línea y en la estrategia de marketing según los resultados.
- Planificar la próxima colección y ajustar la estrategia de inventario.

⇨ **Plazo:** 2 semanas

⇨ **Objetivo:** Optimizar el negocio y sentar las bases para la siguiente etapa de crecimiento.

♦ Consejos para ajustar el calendario en función de los avances

1. **Revisar el calendario semanalmente:**

   Programar revisiones cada semana o cada dos semanas para evaluar el progreso de cada tarea y realizar ajustes si es necesario.

2. **Establecer recordatorios y notificaciones:**

   Usar herramientas de planificación con recordatorios automáticos ayuda a mantener el enfoque y evitar que se pasen por alto tareas importantes.

3. **Utilizar una matriz de prioridades:**

   Si surge algún imprevisto, los alumnos pueden priorizar tareas usando la matriz de Eisenhower (urgente/importante) para decidir qué actividades realizar de inmediato y cuáles ajustar o delegar.

4. **Reservar tiempo de amortiguación:**

   Dejar días libres entre fases o tareas clave permite a los alumnos adaptarse a cambios inesperados sin afectar el calendario general.

Este ejercicio de planificación temporal ayuda a los alumnos a visualizar la puesta en marcha de su negocio en un calendario realista, estructurando cada fase y tarea según el tiempo y los recursos necesarios. Al seguir estos pasos y consejos, los alumnos pueden crear un calendario flexible que les permita adaptarse a cambios y avanzar hacia el éxito de su negocio de manera organizada y eficiente.

RESUMEN

Definición del Negocio: Este punto establece las bases del proyecto, describiendo su propósito, los productos o servicios ofrecidos y la propuesta de valor. También incluye elementos como misión, visión y un análisis del segmento de mercado.

Análisis del Entorno: Se detallan herramientas como el análisis PEST (factores Políticos, Económicos, Sociales y Tecnológicos), que ayudan a identificar oportunidades y amenazas externas. También se examina la influencia de la competencia y las tendencias de mercado.

Análisis Interno: A través del modelo DAFO, se evalúan las fortalezas y debilidades internas, así como las oportunidades y amenazas externas. Este análisis es fundamental para establecer estrategias empresariales sólidas.

Estrategias y Objetivos: Incluye la metodología SMART para definir objetivos claros y medibles, además de estrategias de diferenciación, crecimiento o liderazgo en costos. Se enfatiza la importancia de alinear estos objetivos con la misión y visión del negocio.

Planes Operativos y Financieros: Engloba áreas como marketing, operaciones, recursos humanos y aspectos jurídico-fiscales. Cada área se detalla con actividades prácticas, ejemplos y recomendaciones para crear un plan cohesivo y efectivo.

Calendario y Seguimiento: Se destaca la necesidad de un cronograma que priorice tareas y contemple revisiones periódicas para asegurar la adaptabilidad del proyecto ante posibles cambios.

ICB
EDITORES

UNIDAD

1.3. Orientaciones y Apoyo al Emprendedor

Contenido de la Unidad

- Directorio de organismos e instituciones de apoyo al emprendedor
- Páginas de interés general para el emprendimiento
- Resumen

ICB
EDITORES

1. Directorio de organismos e instituciones de apoyo al emprendedor

1.1. Instituciones públicas

Una parte fundamental del éxito de los emprendedores en España es el acceso a recursos y apoyo de organismos públicos que promueven el desarrollo de nuevos negocios. Estos organismos ofrecen financiación, asesoramiento, formación y otros servicios clave para los emprendedores, lo cual facilita la puesta en marcha y el crecimiento de sus proyectos.

♦ Instituciones públicas en España que apoyan a emprendedores

1. Instituto de Crédito Oficial (ICO)

   ⇨ **Descripción:** El ICO es una entidad pública adscrita al Ministerio de Asuntos Económicos y Transformación Digital que ofrece financiación a empresas y emprendedores a través de intermediarios financieros, como bancos y cooperativas de crédito. Su objetivo es facilitar el acceso a financiación en condiciones favorables, sobre todo para proyectos que generan empleo e impulsan la innovación.

   ⇨ **Programas de apoyo:**

   - **Líneas ICO Empresas y Emprendedores:** Ofrece préstamos para cubrir necesidades de liquidez, inversiones en activos productivos y proyectos de crecimiento. Está disponible para autónomos, pymes y empresas grandes.
   - **Líneas ICO Garantía SGR/SAECA:** Permite a los emprendedores acceder a financiación a través de garantías de las Sociedades de Garantía Recíproca.

   ⇨ **Ventajas:** Intereses competitivos, plazos de devolución flexibles y apoyo a proyectos innovadores.

2. ENISA (Empresa Nacional de Innovación S.A.)

   - **Descripción:** ENISA es una entidad pública dependiente del Ministerio de Industria, Comercio y Turismo, enfocada en la financiación de pymes y startups a través de préstamos participativos. Su objetivo es apoyar a emprendedores innovadores y fomentar el desarrollo empresarial en sectores estratégicos.
   - **Programas de apoyo:**
     - **Línea ENISA Jóvenes Emprendedores:** Dirigida a emprendedores menores de 40 años que quieran poner en marcha su primera empresa, con financiación para cubrir la inversión inicial.
     - **Línea ENISA Emprendedores:** Orientada a apoyar la creación y consolidación de empresas promovidas por emprendedores sin límite de edad.
     - **Línea ENISA Crecimiento:** Diseñada para financiar proyectos de expansión y crecimiento empresarial.
   - **Ventajas:** No se requieren garantías personales, intereses accesibles y apoyo a empresas innovadoras en sus fases iniciales y de crecimiento.

red.es

3. Red.es

   - **Descripción:** Red.es es una entidad pública adscrita al Ministerio de Asuntos Económicos y Transformación Digital, que promueve la digitalización y el desarrollo tecnológico de empresas y emprendedores. Sus programas buscan mejorar la competitividad empresarial mediante la adopción de tecnología e innovación.

- **Programas de apoyo:**
  - **Programa Kit Digital:** Proporciona subvenciones para que las pymes y autónomos adopten soluciones digitales, como e-commerce, marketing digital, ciberseguridad, etc.
  - **Ayudas a la digitalización e innovación tecnológica:** Ofrecen financiación para proyectos que impulsen la transformación digital.
- **Ventajas:** Subvenciones parciales y orientación en la implementación de soluciones tecnológicas, favoreciendo la digitalización de negocios de cualquier tamaño.

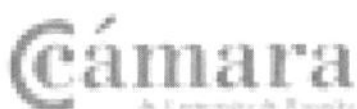

4. Cámara de Comercio de España

- **Descripción:** La Cámara de Comercio es una institución pública que apoya a las empresas y emprendedores a través de servicios de asesoramiento, formación y promoción internacional. Colabora con diferentes entidades y programas para ofrecer herramientas de mejora competitiva.
- **Programas de apoyo:**
  - **Programa de Apoyo a la Internacionalización:** Ayuda a empresas a expandirse en mercados extranjeros mediante asesoramiento, formación y apoyo en ferias internacionales.
  - **Programa de Creación y Consolidación de Empresas (PICE):** Enfocado en ayudar a jóvenes emprendedores a desarrollar sus proyectos empresariales, con formación y asesoramiento personalizado.
- **Ventajas:** Formación gratuita o subvencionada, apoyo a la internacionalización y conexión con redes de contacto empresarial.

5. Emprende en 3

   ⇨ **Descripción:** Emprende en 3 es una plataforma pública desarrollada por el Ministerio de Política Territorial y Función Pública que permite a los emprendedores realizar trámites municipales de forma rápida y sencilla. Facilita el proceso de creación de empresas y reduce la burocracia.

   ⇨ **Servicios:**

   - **Registro de empresas:** Ofrece un espacio virtual donde los emprendedores pueden realizar la declaración responsable y otros trámites para iniciar su actividad.
   - **Ventajas:** Simplificación de trámites administrativos y posibilidad de comenzar la actividad empresarial en poco tiempo.

6. Sociedades de Garantía Recíproca (SGR)

   ⇨ **Descripción:** Las SGR son entidades financieras que proporcionan garantías a pymes y autónomos, facilitando su acceso a financiación bancaria. Estas sociedades, con presencia en todas las comunidades autónomas, permiten que los emprendedores obtengan mejores condiciones de crédito y préstamos.

   ⇨ **Ventajas:** Facilita el acceso a financiación con menores requisitos de garantías y mejores condiciones de interés y plazo.

♦ Ejemplo de cómo utilizar estos organismos

Escenario: Un emprendedor menor de 40 años desea lanzar una tienda en línea de productos ecológicos y necesita financiamiento inicial, asesoramiento en digitalización y apoyo en la expansión futura.

⇨ **Financiación inicial:** Puede acudir a ENISA y solicitar la Línea ENISA Jóvenes Emprendedores para cubrir los costos iniciales de la tienda en línea.

⇨ **Digitalización:** Puede acceder al Programa Kit Digital de Red.es para obtener subvenciones que le permitan implementar una plataforma de e-commerce y mejorar su presencia en redes sociales.

⇨ **Apoyo en internacionalización:** En el futuro, al querer expandirse a mercados extranjeros, puede recurrir a la Cámara de Comercio para acceder a programas de internacionalización y asesoramiento.

En España, los emprendedores cuentan con una variedad de organismos públicos que ofrecen recursos esenciales para desarrollar sus negocios. Desde la financiación inicial hasta el apoyo en digitalización, internacionalización e innovación, estos organismos contribuyen a que los emprendedores puedan enfrentar los retos del mercado con mayores posibilidades de éxito. Conocer estas instituciones y sus servicios permite a los emprendedores aprovechar al máximo las oportunidades de apoyo y desarrollo que el ecosistema público ofrece.

1.2. Instituciones privadas y asociaciones

Además de los organismos públicos, en España existen diversas instituciones privadas y asociaciones sectoriales que apoyan a los emprendedores a través de servicios como asesoramiento, formación, networking y acceso a financiación.

Estas organizaciones son una gran fuente de conocimiento y pueden ayudar a los emprendedores a expandir sus redes de contactos y a mejorar sus capacidades empresariales.

♦ Instituciones privadas y asociaciones de apoyo al emprendedor

1. Asociación Española de Startups (AES)

⇨ **Descripción:** AES es una asociación nacional que representa a startups y emprendedores en España. Su misión es apoyar el desarrollo de startups a través de la defensa de sus intereses, el networking y la creación de un entorno favorable para el emprendimiento.

⇨ **Servicios ofrecidos:**

- Representación ante instituciones y gobiernos para defender los intereses de las startups.
- Eventos de networking y formación en temas clave como tecnología, financiación e internacionalización.
- Acceso a una comunidad de startups y emprendedores para compartir conocimientos y colaboraciones.

⇨ **Ventajas:** Acceso a una red amplia de contactos y a recursos específicos para startups, además de oportunidades para influir en políticas que afecten al sector.

2. Asociación de Jóvenes Empresarios (AJE)

⇨ **Descripción:** AJE es una organización nacional con presencia en varias comunidades autónomas que apoya a jóvenes empresarios y emprendedores en el desarrollo de sus negocios. Ofrece asesoramiento, formación y networking en un ambiente enfocado en el crecimiento juvenil.

- **Servicios ofrecidos:**
  - Asesoramiento en temas de gestión empresarial, marketing y financiación.
  - Programas de formación y acceso a eventos sectoriales para conocer tendencias y oportunidades.
  - Organización de premios y competiciones de emprendimiento para impulsar la visibilidad de los proyectos.
- **Ventajas:** Red de contactos entre jóvenes empresarios y acceso a recursos especializados en los primeros años de vida del negocio.

3. Confederación Española de la Pequeña y Mediana Empresa (CEPYME)

- **Descripción:** CEPYME es una confederación que representa a las pymes españolas, apoyando su desarrollo y competitividad. Ofrece asesoramiento, formación y actividades de defensa de los intereses de las pymes en el entorno regulatorio.
- **Servicios ofrecidos:**
  - Información y asesoramiento en temas legales, laborales y de financiación.
  - Programas de formación y talleres para mejorar la competitividad y la eficiencia de las pymes.
  - Acceso a informes, estudios de mercado y publicaciones relevantes para pequeñas y medianas empresas.
- **Ventajas:** Información actualizada y específica para pymes, con un enfoque en el cumplimiento regulatorio y en la mejora de la competitividad.

4. Asociación de Trabajadores Autónomos (ATA)

    ⇨ **Descripción:** ATA es la principal asociación de autónomos en España, con el objetivo de mejorar las condiciones de los trabajadores por cuenta propia. Ofrece asesoramiento, defensa de intereses y servicios específicos para autónomos de diversos sectores.

    ⇨ **Servicios ofrecidos:**

        ➤ Asesoramiento en temas fiscales, contables y laborales específicos para autónomos.

        ➤ Información y apoyo sobre derechos y obligaciones de los trabajadores autónomos.

        ➤ Formación y recursos para mejorar la gestión y sostenibilidad de los negocios de autónomos.

    ⇨ **Ventajas:** Servicios especializados para autónomos, con un enfoque en la mejora de las condiciones laborales y de gestión.

5. Cámaras de Comercio locales

    ⇨ **Descripción:** Las Cámaras de Comercio locales en España ofrecen una gran variedad de recursos y servicios para emprendedores y empresas. Estas instituciones tienen una red en toda España, lo que permite a los emprendedores acceder a recursos específicos según su ubicación y sector.

    ⇨ **Servicios ofrecidos:**

        ➤ Asesoramiento en temas de comercio exterior, financiación y marketing.

- Programas de formación, ferias y eventos de networking en diversos sectores.
- Programas específicos para la internacionalización y el crecimiento empresarial.

⇨ **Ventajas:** Acceso a una amplia red local y nacional de empresarios, con recursos específicos para la expansión internacional y formación.

6. Asociaciones sectoriales

⇨ **Descripción:** En cada sector económico (tecnología, moda, hostelería, salud, etc.), existen asociaciones específicas que ofrecen recursos y asesoramiento adaptados a las necesidades del sector. Estas asociaciones permiten a los emprendedores mantenerse informados sobre las tendencias, normativas y mejores prácticas en su industria.

⇨ **Servicios ofrecidos:**

- Asesoramiento y orientación en temas técnicos y regulaciones específicas del sector.
- Acceso a estudios, informes de mercado y análisis de tendencias sectoriales.
- Networking y eventos especializados, donde los emprendedores pueden conectar con proveedores, clientes y socios estratégicos.

⇨ **Ventajas:** Información sectorial actualizada y oportunidades de colaboración con otros actores de la industria.

7. Red Española de Business Angels (ESBAN)

⇨ **Descripción:** ESBAN es una red que conecta a emprendedores con inversores privados interesados en financiar proyectos de startups y pymes con alto potencial de crecimiento. La red facilita el acceso a capital y apoyo en la gestión empresarial.

⇨ **Servicios ofrecidos:**

- Contacto y reuniones con posibles inversores interesados en proyectos emprendedores.
- Asesoramiento en la preparación de planes de negocio y estrategias de presentación para captar inversores.
- Eventos y pitch days donde los emprendedores pueden presentar sus proyectos a la comunidad inversora.

⇨ **Ventajas:** Oportunidades de financiación y networking con inversores interesados en proyectos innovadores.

8. Fundación COTEC para la Innovación

⇨ **Descripción:** COTEC es una fundación privada que promueve la innovación y el emprendimiento en España. Su objetivo es impulsar la innovación tecnológica y la transformación digital en empresas y proyectos emprendedores.

⇨ **Servicios ofrecidos:**

- Información y estudios sobre tendencias y tecnologías emergentes.
- Programas de apoyo a la innovación en colaboración con empresas e instituciones públicas y privadas.
- Eventos y publicaciones sobre innovación y competitividad.

⇨ **Ventajas:** Acceso a información avanzada sobre innovación y transformación digital, y conexión con expertos en tecnología y nuevos modelos de negocio.

♦ Ejemplo de cómo aprovechar estas instituciones

Escenario: Un emprendedor de 30 años quiere lanzar una empresa de desarrollo de software para el sector de salud y necesita asesoramiento en gestión empresarial, contactos de inversores y apoyo en la innovación tecnológica.

1. **Asesoramiento en gestión empresarial:** El emprendedor podría unirse a la Asociación de Jóvenes Empresarios (AJE) para recibir asesoramiento en temas de gestión y marketing.
2. **Contactos con inversores:** A través de la Red Española de Business Angels (ESBAN), puede participar en eventos de networking para captar capital privado y establecer relaciones con posibles inversores.
3. **Apoyo en innovación:** Para mantenerse al día en tecnologías emergentes y acceder a recursos de innovación, puede colaborar con la Fundación COTEC, beneficiándose de sus informes y eventos de innovación tecnológica.

Las instituciones privadas y asociaciones sectoriales en España ofrecen un apoyo valioso para los emprendedores, proporcionándoles recursos, conocimientos y conexiones esenciales para desarrollar sus negocios. Desde asesoramiento en gestión hasta acceso a financiación e innovación, estas organizaciones permiten que los emprendedores encuentren el respaldo adecuado para enfrentar los desafíos del mercado y crecer de manera sostenible. Conocer estas instituciones y sus servicios permite a los emprendedores optimizar su desarrollo, obtener recursos clave y fortalecer su red de contactos.

1.3. Servicios de apoyo

Los organismos públicos y privados de apoyo al emprendedor en España ofrecen una variedad de servicios que facilitan el crecimiento y la consolidación de nuevas empresas. Estos servicios incluyen asesoramiento especializado, financiación, programas de formación y oportunidades de networking. A continuación, se describen en detalle los principales tipos de apoyo que proporcionan estas instituciones y su importancia para el desarrollo de un negocio.

- Principales servicios de apoyo para emprendedores

1. Asesoramiento

   El asesoramiento es uno de los servicios más importantes que ofrecen los organismos de apoyo al emprendedor. Este servicio permite que los emprendedores obtengan orientación en áreas clave del negocio, como la gestión empresarial, el marketing, la contabilidad y el cumplimiento legal.

- ⇨ **Tipos de asesoramiento:**

  - ➤ **Asesoramiento empresarial:** Ayuda a los emprendedores a estructurar su negocio, definir su modelo y establecer estrategias de crecimiento.

  - ➤ **Asesoramiento fiscal y contable:** Orientación sobre impuestos, registros contables y obligaciones financieras.

  - ➤ **Asesoramiento legal:** Apoyo en temas legales, como la elección de la estructura societaria, derechos de propiedad intelectual y cumplimiento normativo.

  - ➤ **Asesoramiento en innovación:** Ayuda a integrar tecnologías avanzadas y prácticas innovadoras en el modelo de negocio.

- ⇨ **Ejemplo de organismos que ofrecen asesoramiento:** Cámaras de Comercio, la Asociación de Jóvenes Empresarios (AJE), ENISA y la Asociación Española de Startups (AES).

2. Financiación

El acceso a financiación es fundamental para los emprendedores, ya que les permite cubrir los costes iniciales y asegurar el capital necesario para el crecimiento. Existen diferentes tipos de financiación disponibles a través de organismos públicos y redes de inversión privada.

- ⇨ **Tipos de financiación:**

  - ➤ **Préstamos y créditos:** Ofrecidos por instituciones como el Instituto de Crédito Oficial (ICO) y ENISA, estos préstamos suelen tener condiciones favorables para emprendedores y pymes.

  - ➤ **Subvenciones y ayudas:** Fondos no reembolsables que cubren una parte de los gastos del proyecto, disponibles en programas como el Kit Digital de Red.es o los incentivos a la innovación de agencias regionales.

  - ➤ **Capital riesgo e inversión privada:** Apoyo financiero de inversores privados, business angels y fondos de inversión que buscan apoyar proyectos con alto potencial de crecimiento.

- **Microcréditos:** Financiación a pequeña escala, generalmente sin aval, ideal para emprendedores con pocos recursos iniciales.

⇨ **Ejemplo de organismos que ofrecen financiación:** Instituto de Crédito Oficial (ICO), ENISA, Red Española de Business Angels (ESBAN) y Cámaras de Comercio locales.

3. Formación

La formación es clave para que los emprendedores adquieran nuevas habilidades y conocimientos necesarios para gestionar su negocio de manera eficaz. Muchas instituciones ofrecen programas de formación en temas como administración, marketing digital, innovación y finanzas.

⇨ **Tipos de formación:**

- **Cursos y talleres:** Programas cortos y prácticos que abordan temas específicos, como marketing digital, estrategia financiera o gestión de recursos humanos.
- **Formación en competencias empresariales:** Programas enfocados en desarrollar habilidades de liderazgo, negociación y comunicación.
- **Capacitación técnica:** Formación en herramientas tecnológicas y habilidades técnicas específicas que mejoran la competitividad del negocio.
- **Mentoría y coaching:** Orientación personalizada que permite a los emprendedores trabajar con expertos y mentores para resolver desafíos concretos y optimizar su crecimiento.

⇨ **Ejemplo de organismos que ofrecen formación:** Cámaras de Comercio, Asociación de Jóvenes Empresarios (AJE), Red.es y la Fundación COTEC para la Innovación.

4. Networking

Las oportunidades de networking ayudan a los emprendedores a conectar con otros empresarios, inversores y potenciales socios, lo cual facilita el acceso a recursos, conocimientos y oportunidades de colaboración.

Los eventos de networking y las redes de contactos son esenciales para crear sinergias y potenciar el crecimiento de los negocios.

⇨ **Tipos de networking:**

- **Eventos de networking:** Encuentros específicos organizados por organismos como Cámaras de Comercio, asociaciones empresariales y redes de inversión, donde los emprendedores pueden conocer a inversores, clientes y colaboradores.
- **Foros y ferias sectoriales:** Eventos en los que los emprendedores presentan sus productos o servicios, interactúan con profesionales del sector y conocen las últimas tendencias de su industria.
- **Redes de contactos:** Plataformas y comunidades de emprendedores donde pueden compartir conocimientos, buscar apoyo y colaborar en proyectos conjuntos.
- **Pitch days y presentaciones a inversores:** Eventos donde los emprendedores presentan sus proyectos a inversores para obtener financiación y validación del mercado.

⇨ **Ejemplo de organismos que ofrecen networking:** Asociación Española de Startups (AES), Red Española de Business Angels (ESBAN), Cámaras de Comercio y asociaciones sectoriales.

5. Apoyo en internacionalización

Para aquellos emprendedores que desean expandirse a mercados extranjeros, existen programas específicos de apoyo en internacionalización. Estos servicios incluyen asesoramiento en comercio exterior, apoyo en ferias internacionales, contactos en el extranjero y estudios de mercado.

⇨ **Tipos de apoyo en internacionalización:**

- **Asesoramiento en comercio exterior:** Ayuda a los emprendedores a comprender las normativas, impuestos y requisitos legales de otros países.
- **Programas de exportación e internacionalización:** Facilitan el acceso a mercados internacionales y la promoción de los productos en el extranjero.

- **Participación en ferias internacionales:** Las instituciones a menudo apoyan a las empresas con recursos para asistir a ferias en otros países, donde pueden promocionar sus productos y conectarse con compradores internacionales.

- **Contactos y redes internacionales:** Creación de redes de contactos en mercados clave, lo cual facilita la expansión y el acceso a nuevos clientes.

⇨ **Ejemplo de organismos que ofrecen apoyo en internacionalización:** Cámara de Comercio de España, ICEX España Exportación e Inversiones y asociaciones sectoriales.

♦ Ejemplo de cómo aprovechar estos servicios

Escenario: Un emprendedor quiere lanzar una startup de tecnología educativa y necesita financiación, formación en marketing digital y contactos en el sector para lograr un lanzamiento exitoso.

⇨ **Financiación inicial:** Puede acudir a ENISA para solicitar un préstamo participativo a través de su línea de emprendedores.

⇨ **Formación en marketing digital:** Podría aprovechar los cursos de Red.es para aprender a desarrollar estrategias de marketing digital y redes sociales efectivas.

⇨ **Networking en el sector:** Al asistir a eventos de networking organizados por la Asociación Española de Startups, puede establecer contactos con otros emprendedores de tecnología educativa y posibles inversores.

Los servicios de apoyo que ofrecen los organismos y asociaciones en España abarcan todas las áreas necesarias para el desarrollo y crecimiento de un negocio. Desde el asesoramiento en temas específicos hasta el acceso a financiación y oportunidades de networking, estos servicios permiten a los emprendedores mejorar su competitividad, adquirir nuevas habilidades y expandir sus redes de contactos. Aprovechar estos servicios puede marcar una gran diferencia en el éxito de un proyecto empresarial, proporcionando a los emprendedores las herramientas y el conocimiento necesarios para enfrentarse a los desafíos del mercado.

1.4. Guía de uso del directorio

El acceso a un directorio de organismos e instituciones de apoyo es solo el primer paso. Para aprovechar al máximo estos recursos, los emprendedores necesitan saber cómo buscar el servicio adecuado, identificar las oportunidades más relevantes y establecer conexiones que impulsen el crecimiento de su negocio. A continuación, se presentan algunos consejos prácticos para que los alumnos puedan buscar y utilizar de manera eficaz los servicios de estas instituciones.

- Consejos para buscar y aprovechar los servicios de apoyo al emprendedor

1. Definir objetivos claros antes de buscar ayuda

   Antes de explorar los servicios disponibles, es importante que los emprendedores tengan claros sus objetivos y necesidades. Esto ayuda a identificar qué tipo de apoyo es necesario (financiación, asesoramiento, formación, etc.) y facilita la búsqueda de los organismos que ofrecen los servicios específicos que el negocio necesita.

   ⇨ **Ejemplo:** Un emprendedor que busca lanzar un producto innovador puede necesitar financiación inicial y asesoramiento en propiedad intelectual. En este caso, podría dirigirse a instituciones como ENISA para financiación y a Cámaras de Comercio para orientación en propiedad intelectual.

2. Investigar los servicios de apoyo en función de las etapas del negocio

   Cada fase del negocio requiere servicios de apoyo diferentes. Es útil organizar la búsqueda según la etapa del proyecto: lanzamiento, consolidación o expansión. Por ejemplo, en las primeras etapas, puede ser clave encontrar apoyo en financiación y formación; mientras que, en fases de crecimiento, la internacionalización y el networking pueden ser más relevantes.

   ⇨ **Ejemplo:** Para una startup en fase de crecimiento, servicios de internacionalización del ICEX y eventos de networking en asociaciones sectoriales podrían ser más útiles que los servicios de asesoramiento básico.

3. Usar plataformas en línea para encontrar y filtrar instituciones y servicios

   Muchas instituciones tienen plataformas en línea donde los emprendedores pueden filtrar servicios según su tipo, ubicación y sector. Estas plataformas facilitan la búsqueda y permiten que los emprendedores se informen sobre los servicios ofrecidos sin tener que desplazarse físicamente.

   ⇨ **Consejo:** Visita los sitios web de Red.es, Cámara de Comercio de España, y otras entidades que suelen tener secciones específicas para emprendedores. Explora las opciones de filtrado para encontrar los servicios que mejor se ajusten a tus necesidades.

4. Contactar a varias instituciones para comparar servicios y opciones

   No todos los servicios se adaptan de igual forma a todos los emprendedores. Contactar a varias instituciones permite comparar lo que ofrecen, los requisitos, las condiciones y los plazos. Al comparar opciones, es más fácil tomar decisiones informadas y elegir el mejor recurso para el proyecto.

   ⇨ **Consejo:** Consulta con ENISA, ICO y tu Cámara de Comercio local para conocer las condiciones de financiación, el tipo de asesoramiento o los programas de formación disponibles. Cada institución tiene su propio enfoque y ofrece diferentes tipos de apoyo.

5. Participar en eventos y sesiones informativas organizadas por estas instituciones

   Muchas instituciones organizan eventos de puertas abiertas, jornadas informativas y seminarios en los que explican sus servicios y cómo los emprendedores pueden beneficiarse. Asistir a estos eventos permite hacer preguntas directamente, conocer los requisitos y conectarse con otros emprendedores que ya han usado estos servicios.

   ⇨ **Consejo:** Sigue en redes sociales a instituciones como AJE o la Asociación Española de Startups para estar al tanto de sus próximos eventos, y considera participar en conferencias o seminarios gratuitos para obtener información detallada y de primera mano.

6. Buscar servicios complementarios en varias instituciones

   A menudo, un mismo emprendedor puede beneficiarse de diferentes servicios en distintas instituciones. Por ejemplo, una institución puede ofrecer formación técnica, mientras que otra ofrece financiación. Combinar varios servicios permite al emprendedor cubrir todas las áreas del negocio de forma integral.

   ⇨ **Ejemplo:** Un emprendedor puede recibir financiación de ENISA para iniciar su negocio y, al mismo tiempo, asistir a un curso de marketing digital de Red.es para mejorar su estrategia de venta en línea.

7. Utilizar programas de mentorización y redes de contactos

   Los programas de mentorización y networking son excelentes para conectar con otros emprendedores y expertos del sector. A través de estas redes, los emprendedores pueden aprender de experiencias reales, obtener recomendaciones y acceder a recursos que, de otro modo, no estarían disponibles.

   ⇨ **Consejo:** Busca programas de mentores en AJE, la Asociación Española de Startups y las Cámaras de Comercio. Establecer relaciones con mentores experimentados puede ayudar a evitar errores comunes y acelerar el crecimiento del negocio.

8. Prepararse adecuadamente antes de solicitar financiación o servicios especializados

   Muchos servicios de apoyo requieren que los emprendedores presenten información detallada sobre su negocio, como un plan de negocio, proyecciones financieras y documentos de identidad. Prepararse con antelación permite aprovechar mejor el tiempo de las reuniones y aumenta las probabilidades de obtener el apoyo solicitado.

   ⇨ **Consejo:** Antes de solicitar un préstamo o subvención, revisa los requisitos y asegúrate de tener un plan de negocio claro y bien documentado. La Cámara de Comercio local puede ayudar a mejorar y estructurar tu plan si necesitas apoyo adicional.

9. Solicitar feedback después de utilizar un servicio de apoyo

   Es útil solicitar retroalimentación después de utilizar un servicio de asesoramiento o de completar un programa de formación. Esto permite a los emprendedores evaluar si el servicio cumplió con sus expectativas y hacer ajustes en futuras interacciones. Muchas instituciones también valoran el feedback, ya que les ayuda a mejorar sus servicios.

   ⇨ **Consejo:** Después de recibir asesoramiento o participar en un curso, pide una breve reunión de seguimiento para revisar el resultado y obtener recomendaciones adicionales. Esto puede ayudarte a aplicar lo aprendido de forma más eficaz.

10. Mantenerse actualizado sobre nuevos servicios y programas de apoyo

    Las instituciones de apoyo al emprendedor actualizan sus programas y servicios regularmente para adaptarse a las necesidades del mercado. Mantenerse informado sobre las novedades puede abrir oportunidades adicionales de financiación, formación o networking.

    ⇨ **Consejo:** Suscríbete a los boletines de Red.es, ENISA, Cámara de Comercio y otras instituciones relevantes para recibir actualizaciones sobre programas de apoyo, eventos y nuevas oportunidades.

♦ Ejemplo de cómo aplicar estos consejos

Escenario: Un emprendedor en fase inicial quiere crear una tienda en línea de productos ecológicos y necesita financiación, formación en comercio electrónico y contactos en el sector.

⇨ **Definir objetivos claros:** Su objetivo es obtener financiación inicial, formación en e-commerce y networking en su sector.

⇨ **Investigar según la etapa del negocio:** Como está en fase de lanzamiento, el emprendedor puede centrarse en financiación inicial y formación.

⇨ **Comparar servicios de financiación:** Contacta con ICO y ENISA para comparar opciones de préstamos y condiciones de acceso.

- ⇨ **Asistir a eventos de networking:** Asiste a un evento de networking organizado por AJE o una asociación sectorial para conectar con otros emprendedores y potenciales socios.
- ⇨ **Complementar servicios:** Recibe asesoramiento fiscal de su Cámara de Comercio local y se inscribe en un curso de marketing digital en Red.es para mejorar su estrategia en redes sociales.

Aprovechar al máximo el directorio de organismos e instituciones de apoyo al emprendedor requiere estrategia y planificación. Al definir objetivos, investigar los servicios disponibles y participar en eventos, los emprendedores pueden obtener recursos valiosos que impulsen su crecimiento.

Seguir estos consejos les ayudará a optimizar el uso de estos recursos, a establecer contactos clave y a adquirir el conocimiento necesario para superar los desafíos del emprendimiento.

2. Páginas de interés general para el emprendimiento

- Emprendedores.es - Artículos sobre emprendimiento, tendencias y estrategias.
- EAE Business School - Recursos sobre negocios - Información sobre gestión empresarial y marketing.
- Google for Startups - Herramientas y recursos para emprendedores.
- IESE Insight - Artículos académicos y prácticos sobre innovación y emprendimiento.
- **IEBS Business School Blog:** Recursos en español sobre estrategias de negocio. IEBS Blog
- **Statista en español:** Datos de mercado para análisis. Statista
- **Red.es:** Información sobre subvenciones digitales (enlace).
- **ENISA:** Líneas de financiación para emprendedores (enlace).

- **Cámara de Comercio de España:** Recursos empresariales (enlace).
- **Asociación Española de Startups (AES):** Networking y formación (enlace).
- **Fundación COTEC:** Innovación tecnológica (enlace).

RESUMEN

El módulo aborda las orientaciones y el apoyo disponibles para los emprendedores, centrándose en los recursos proporcionados por instituciones públicas y privadas en España. Se detalla un directorio de organismos clave, sus servicios y programas, junto con guías prácticas para maximizar su uso.

1. **Instituciones públicas:**
   - ⇨ **Instituto de Crédito Oficial (ICO):** Facilita financiación para liquidez y proyectos innovadores.
   - ⇨ **ENISA:** Proporciona préstamos participativos para startups y pymes.
   - ⇨ **Red.es:** Promueve la digitalización mediante subvenciones.
   - ⇨ **Cámara de Comercio:** Ofrece asesoramiento, formación y programas de internacionalización.
   - ⇨ **Plataformas regionales y nacionales:** Apoyan en áreas específicas como innovación y simplificación de trámites.
2. **Instituciones privadas y asociaciones:**
   - ⇨ **AES, AJE y ATA:** Ofrecen formación, networking y asesoramiento especializado.
   - ⇨ **Red Española de Business Angels (ESBAN):** Conecta emprendedores con inversores privados.
   - ⇨ **COTEC:** Fomenta la innovación empresarial.
3. **Servicios clave:**
   - ⇨ **Asesoramiento:** En áreas como gestión, fiscalidad, innovación y legalidad.
   - ⇨ **Financiación:** Préstamos, subvenciones, microcréditos e inversión privada.
   - ⇨ **Formación:** En habilidades empresariales, técnicas y tecnológicas.
   - ⇨ **Networking:** Creación de redes de contacto y acceso a eventos sectoriales.

Glosario

Adaptabilidad

Habilidad para ajustar estrategias y modelos de negocio en respuesta a cambios en el entorno o mercado.

Análisis DAFO

Herramienta de planificación estratégica que evalúa Debilidades, Amenazas, Fortalezas y Oportunidades de un negocio para tomar decisiones informadas.

Análisis PEST

Herramienta de análisis que identifica factores Políticos, Económicos, Sociales y Tecnológicos que influyen en el entorno empresarial.

Asesoramiento empresarial

Servicio proporcionado por instituciones para orientar a los emprendedores en áreas clave como gestión empresarial, marketing, contabilidad y cumplimiento legal.

Ayudas a la digitalización

Subvenciones destinadas a apoyar la adopción de tecnologías digitales en empresas, mejorando su competitividad y eficiencia operativa.

Benchmarking

Técnica de análisis que consiste en observar y comparar las mejores prácticas de otras empresas para mejorar el propio negocio.

Brainstorming

Método para generar ideas de forma creativa y espontánea, sin juzgar su viabilidad en un primer momento.

Business Angels

Inversores privados que financian proyectos empresariales en etapas tempranas a cambio de participación accionaria o beneficios futuros.

Capacidad de asumir riesgos

Aptitud para tomar decisiones en situaciones de incertidumbre, evaluando cuidadosamente los posibles beneficios y pérdidas.

Capacidades internas

Recursos y habilidades propias de una empresa o emprendedor que contribuyen al éxito del negocio, como conocimiento, equipo y experiencia.

Capital riesgo

Inversión en empresas con alto potencial de crecimiento a cambio de participación en el capital.

Competencia directa

Empresas que ofrecen productos o servicios similares a los mismos clientes objetivo, compitiendo por cuota de mercado.

Competencia indirecta

Empresas que no ofrecen productos idénticos pero satisfacen necesidades similares, representando una amenaza potencial.

Creatividad

Habilidad para generar ideas originales y soluciones innovadoras a problemas o necesidades del mercado.

Crowdfunding

Método de financiamiento en el que una gran cantidad de personas contribuyen pequeñas sumas de dinero, generalmente a través de plataformas digitales.

Crowdsourcing

Estrategia que consiste en aprovechar la colaboración masiva de personas, a menudo a través de internet, para resolver problemas o generar ideas.

Cámara de Comercio

Instituciones que ofrecen apoyo a emprendedores mediante asesoramiento, formación y programas de internacionalización.

DAFO

Análisis que identifica Debilidades, Amenazas, Fortalezas y Oportunidades de un negocio o proyecto.

Diferenciación

Estrategia que destaca los aspectos únicos o superiores de un producto o servicio para posicionarlo como especial o premium en el mercado.

Diversificación

Estrategia empresarial que consiste en entrar en nuevos mercados o desarrollar nuevos productos para reducir riesgos.

ENISA (Empresa Nacional de Innovación)

Entidad pública que financia pymes y startups mediante préstamos participativos, promoviendo la innovación empresarial.

Economía colaborativa

Modelo económico en el que se comparten recursos, bienes o servicios entre personas o empresas, generalmente mediante plataformas digitales.

Ecosistema empresarial

Conjunto de interacciones entre emprendedores, clientes, proveedores, inversores y otras partes interesadas en un entorno de negocio.

Emprende en 3

Plataforma pública para realizar trámites administrativos relacionados con la creación de empresas de manera rápida y sencilla.

Emprendedor por necesidad

ersona que comienza un negocio debido a circunstancias adversas, como la falta de empleo o recursos económicos, en lugar de motivaciones creativas o de oportunidad.

Emprendedor social

Persona que inicia un negocio con el objetivo de resolver problemas sociales o ambientales, combinando impacto positivo con sostenibilidad financiera.

Emprendedor

Persona que identifica una oportunidad de negocio y asume los riesgos y esfuerzos necesarios para crear y gestionar una empresa, aportando innovación y valor al mercado.

Estrategia de entrada al mercado

Plan para introducir un producto o servicio en el mercado, posicionándolo frente a la competencia y atrayendo a los clientes objetivo.

Estrategias de crecimiento

Planes para expandir el alcance de una empresa, ya sea aumentando la participación de mercado, ingresando a nuevos mercados o desarrollando nuevos productos.

Estrategias de diferenciación

Métodos para destacar un negocio de la competencia mediante la calidad, innovación, servicio al cliente o marca.

Estrategias de liderazgo en costos

Estrategias orientadas a reducir costos operativos para ofrecer precios más bajos y competir en mercados sensibles al precio.

Factores externos

Variables fuera de la organización, como regulaciones, tendencias del mercado o cambios tecnológicos, que impactan en el negocio.

Factores internos

Elementos dentro de la organización, como recursos y capacidades, que afectan su desempeño.

Financiación participativa

Modelo en el cual los inversores aportan capital a cambio de una participación en los beneficios o la propiedad del negocio.

Fondo Jeremie

Fondo de financiación destinado a apoyar a pymes en su modernización y expansión, principalmente en Andalucía.

Formación empresarial

Programas educativos diseñados para mejorar las competencias y habilidades de los emprendedores en áreas clave del negocio.

Innovación tecnológica

Uso de tecnologías avanzadas para desarrollar nuevos productos, servicios o mejorar los procesos de una empresa.

Innovación

Proceso de introducir ideas, productos, servicios o procesos nuevos o mejorados que aporten valor al cliente o a la empresa.

Instituto de Crédito Oficial (ICO)

Entidad pública que facilita financiación en condiciones favorables a autónomos, pymes y grandes empresas.

Kit Digital

Programa de subvenciones para fomentar la digitalización de pymes y autónomos mediante soluciones tecnológicas específicas.

Matriz de riesgo-oportunidad

Herramienta que clasifica los riesgos y oportunidades según su impacto y probabilidad para priorizar acciones estratégicas.

Microcréditos

Pequeños préstamos, generalmente sin necesidad de aval, diseñados para emprendedores con recursos limitados.

Misión empresarial

Declaración que define el propósito actual de una empresa y su contribución al mercado y la sociedad.

Modelo de negocio

Esquema que define como una empresa crea, entrega y captura valor, incluyendo su propuesta de valor, canales de distribución, fuentes de ingreso, entre otros.

Networking

Actividad de construir relaciones y conexiones profesionales para intercambiar información, colaborar en proyectos o captar recursos.

Nicho de mercado

egmento específico del mercado con necesidades particulares no atendidas o poco satisfechas por la oferta general.

Penetración de mercado

Estrategia que busca captar rápidamente clientes ofreciendo precios bajos o promociones iniciales.

Pitch day

Evento en el que emprendedores presentan sus proyectos a inversores con el objetivo de obtener financiación.

Pivotar

Modificar significativamente algún aspecto del modelo de negocio, como el público objetivo o la propuesta de valor, en función de las necesidades del mercado.

Plan de empresa

Documento estratégico que describe los objetivos, estrategias, análisis del entorno, estructura organizativa y planes operativos de un negocio.

Plan de marketing

Parte del plan de empresa que detalla las estrategias para segmentar el mercado, posicionar la marca y promocionar los productos o servicios.

Plan de negocio

Documento que describe los objetivos, estrategias, recursos y proyecciones financieras de un emprendimiento.

Producto Mínimo Viable (MVP)

Versión básica de un producto con las características esenciales para ser probado por los clientes y validado en el mercado.

Programa de internacionalización

Iniciativa que ayuda a las empresas a expandir sus operaciones y alcanzar nuevos mercados extranjeros.

Propuesta de valor

Características y beneficios únicos de un producto o servicio que lo diferencian de la competencia y atraen a los clientes.

Préstamos participativos

Financiamiento que combina características de capital y deuda, ofrecido sin garantías y con intereses variables según los resultados de la empresa.

Recursos humanos

Conjunto de personas que contribuyen al funcionamiento y éxito de un negocio, incluyendo empleados, socios y asesores.

Recursos intangibles

Activos no físicos, como conocimiento, marca y reputación, que proporcionan ventajas competitivas.

Recursos tangibles

Activos físicos y financieros que una empresa utiliza para operar, como instalaciones, maquinaria y capital.

Red Española de Business Angels (ESBAN)

Red que conecta emprendedores con inversores interesados en proyectos con alto potencial de crecimiento.

Red.es

Entidad pública que promueve la digitalización y la innovación tecnológica en empresas y administraciones públicas.

Resiliencia

Capacidad del emprendedor para superar dificultades, aprender de los fracasos y seguir adelante con determinación.

Retroalimentación (feedback)

Opinión o comentarios proporcionados por los clientes o usuarios que ayudan a mejorar un producto, servicio o proceso.

SGR (Sociedades de Garantía Recíproca)

Entidades que facilitan el acceso a financiación mediante el otorgamiento de garantías a pymes y autónomos.

SMART

Acrónimo para establecer objetivos específicos, medibles, alcanzables, relevantes y temporales.

Segmentación de mercado

Dividir el mercado en grupos específicos de consumidores con características y necesidades similares para diseñar estrategias efectivas.

Subvención

Ayuda económica no reembolsable proporcionada por instituciones públicas para financiar proyectos específicos.

Validación de ideas

Proceso de evaluar la viabilidad de una idea de negocio mediante herramientas como encuestas, entrevistas o prototipos.

Validación del mercado

Proceso de confirmar la demanda y aceptación de un producto o servicio entre el público objetivo antes de invertir recursos significativos.

Visión empresarial

Declaración que proyecta el estado futuro ideal de una empresa y sus aspiraciones a largo plazo.

Visión

Capacidad para proyectar el futuro de un negocio, establecer objetivos claros y trazar estrategias a largo plazo.

ICB
EDITORES